Salomon Gessner

Idyllen von dem Verfasser des Daphnis

Salomon Gessner

Idyllen von dem Verfasser des Daphnis

ISBN/EAN: 9783744602266

Hergestellt in Europa, USA, Kanada, Australien, Japan

Cover: Foto ©ninafisch / pixelio.de

Weitere Bücher finden Sie auf **www.hansebooks.com**

IDYLLEN

von dem
Verfasser
des
Daphnis.

Mit Königl: Pohln Churfl.
Sæchsfl. allergn. Privilegio
Leipzig bey I. G. Loewen
17 60.

Puschel sc.

IDYLLEN.

AN DEN LESER.

Diefe Idyllen find die Früchte einiger meiner vergnügteften Stunden; denn es ift eins der angenehmften Verfaffungen, in die uns die Einbildungs-Kraft und ein ftilles Gemüth fetzen können, wenn wir uns mittelft derfelben aus unfern Sitten weg, in ein goldnes Weltalter fetzen. Alle Gemählde von ftiller Ruhe und fanftem ungeftörtem Glük, müffen Leuten von edler Denkart gefallen; und um fo viel mehr gefallen uns Sçenen, die der Dichter aus der unverdorbenen Natur herholt, weil fie oft mit unfern feligften Stunden, die wir gelebt. Aehnlichkeit zu haben scheinen. Oft reiſs ich mich aus der Stadt los, und fliehe in einſame Gegenden, dann entreiſst die Schönheit der Natur mein Gemüth allem dem Ekel und allen den widrigen Eindrüken, die mich aus der Stadt verfolgt haben: ganz entzükt, ganz Empfindung über ihre Schönheit, bin ich dann glüklich wie ein Hirt im goldnen Weltalter und reicher als ein König.

Die Ekloge hat ihre Scenen in eben dieſen ſo beliebten Gegenden, ſie bevölkert dieſelben mit würdigen Bewohnern, und giebt uns Züge aus dem Leben glüklicher Leute, wie ſie ſich bey der natürlichſten Einfalt der Sitten, der Lebens Art und ihrer Neigungen, bey allen Begegniſſen in Glük und Unglük betragen: Sie ſind frey von allen den Sclaviſchen Verhältniſſen, und von allen

den Bedürfnissen, die nur die unglükliche
Entfernung von der Natur nothwendig ma-
chet, sie empfangen bey unverdorbenem Herzen und Verstand ihr Glük gerade aus der
Hand dieser milden Mutter, und wohnen
in Gegenden, wo sie nur wenig Hülfe for-
dert, um ihnen die unschuldigen Bedürfnisse
und Bequemlichkeiten reichlich darzubieten.
Kurz, sie schildert uns ein goldnes Weltalter,
das gewiss einmal da gewesen ist, denn da-
von kann uns die Geschichte der Patriarchen
überzeugen, und die Einfalt der Sitten, die
uns Homer schildert, scheint auch in den
kriegerischen Zeiten noch ein Ueberbleibsel
desselben zu seyn. Diese Dichtungs-Art
bekömmt daher einen besondern Vortheil,
wenn man die Scenen in ein entferntes Weltalter sezt; sie erhalten dadurch einen höhern

Grad der Wahrſcheinlichkeit, weil ſie für
unſre Zeiten nicht paſſen, wo der Landmann
mit ſaurer Arbeit unterthänig ſeinem Für-
ſten und den Städten den Ueberfluſs liefern
muſs, und Unterdrükung und Armuth ihn
ungeſittet und ſchlau und niederträchtig
gemacht haben. Ich will damit nicht läug-
nen, daſs ein Dichter, der ſich ans Hirten-
Gedicht wagt, nicht ſonderbare Schönheiten
ausſpüren kann, wenn er die Denkungsart
und die Sitten des Landmanns bemerket,
aber er muſs dieſe Züge mit feinem Ge-
ſchmak wählen, und ihnen ihr Rauhes zu
benehmen wiſſen, ohne den ihnen eigenen
Schnitt zu verderben.

Ich habe den Theokrit immer für das
beſte Muſter in dieſer Art Gedichte gehal-
ten. Bey ihm findet man die Einfalt der Sit-

ten und der Empfindungen am beſten ausge-
drükt, und das Ländliche und die ſchönſte
Einfalt der Natur; er iſt mit dieſer bis auf
die kleinſten Umſtände bekannt geweſen; wir
ſehen in ſeinen Idyllen mehr als Roſen und
Lilien; Seine Gemählde kommen nicht aus
einer Einbildungs-Kraft, die nur die be-
kannteſten und auch dem Unachtſamen in die
Augen fallenden Gegenſtände häuft; ſie haben die angenehme Einfalt der Natur, nach
der ſie allemal gezeichnet zu ſeyn ſcheinen.
Seinen Hirten hat er den höchſten Grad der
Naifetet gegeben, ſie reden Empfindungen,
ſo wie ſie ihnen ihr unverdorbenes Herz in
den Mund legt, und aller Schmuk der Poëſie
iſt aus ihren Geſchäften und aus der unge-
künſtelten Natur hergenommen. Sie ſind
weit von dem Epigrammatiſchen Witz ent-

A 5

fernt, und von der fchulgerechten Ordnung
der Sätze; er hat die fchwere Kunfl gewufst,
die angenehme Nachläffigkeit in ihre Gefänge zu bringen, welche die Poefie in ihrer er-
flen Kindheit mufs gehabt haben; er wufste
ihren Liedern die fanfte Miene der Unfchuld
zu geben, die fie haben müffen, wenn die
einfältigen Empfindungen eines unverdorbenen Herzens eine Phantafie befeuern, die
nur mit den angenehmflen Bildern aus der
Natur angefüllt ift.   Zwar ift gewifs, dafs
die noch weniger verdorbene Einfalt der
Sitten zu feiner Zeit, und die Achtung, die
man damals noch für den Feldbau hatte,
die Kunfl ihm erleichtert hat.   Der zuge-
fpizte Witz war noch nicht Mode, fie hatten mehr Verfland und Empfindung für das
wahre Schöne, als Witz.

Mir deucht, das ist die Probe darüber,
daß Theokrit in seiner Art vortrefflich sey,
weil er nur wenigen gefällt; denen kann er
nie gefallen, die nicht für jede Schönheit der
Natur, bis auf die kleinsten Gegenstände,
empfindlich sind, denen, deren Empfindun-
gen einen falschen Schwung genommen ha-
ben, und einer Menge von Leuten, die ihre
Bestimmung in einer falsch ekeln Galanterie
finden. Denen ekelt vor dem Ländlichen,
ihnen gefallen nur Hirten, die so geziert
denken wie ein witziger Dichter, und die aus
ihren Empfindungen eine schlaue Kunst zu
machen wissen. Ich weiß nicht, ob die
meisten neuern entweder zu bequem gewesen
sind, mit der Natur und den Empfindungen
der Unschuld sich genauer bekannt zu ma-
chen, oder ob es Gefälligkeit für unsre un-

gearteten Sitten ift, in der Abficht fich all-
gemeinern Beyfall zu gewinnen, dafs fie fo
weit fich von dem Theokrit entfernen. Ich
habe meine Regeln in diefem Mufter gefucht,
und es wird mir eine Verficherung der
glüklichen Nachahmung feyn, wenn ich diefen Leuten auch mifsfalle. Zwar weifs
ich wohl, dafs einige wenige Ausdräke und
Bilder im Theokrit, bey fo fehr abgeän-
derten Sitten uns verächtlich worden find;
dergleichen Umftände hab ich zu vermeiden
getrachtet. Ich meyne aber hier nicht dergleichen, die ein franzöfifcher Ueberfetzer
in dem Virgil nicht ausfleben konnte; die
ich meyne, bat Virgil, der Nachahmer des
Theokrit, felbft fchon weggelaffen.

Gefsner.

An DAPHNEN.

Nicht den blutbefprizten kühnen Helden, nicht das öde Schlachtfeld fingt die frohe Mufe; fanft und fchüchtern flieht fie das Gewühl, die leichte Flöt' in ihrer Hand.

Gelokt durch kühler Bäche riefelndes Gefchwä-ze und durch der heiligen Wälder dunkeln Schat-ten, irrt fie an dem befchilften Ufer, oder geht auf Blumen, in grüngewölbten Gängen hoher Bäume, und ruht im weichen Gras, und finnt auf Lieder, für dich, für dich nur, fchönfte Daphne!

Denn dein Gemüth voll Tugend und voll Unschuld, ist heiter, wie der schönste Frühlings-
Morgen; so flattert muntrer Scherz und frohes
Lächeln, stets um die kleinen Lippen, um die
rothen Wangen, und sanfte Freude redet stets
aus deinen Augen. Ja seit du Freund mich nennst,
geliebte Daphne! seitdem seh ich die Zukunft
hell und glänzend, und jeden Tag begleiten Freud
und Wonne.

O wenn die frohen Lieder dir gefielen! die
meine Muse oft dem Hirten abhorcht; auch oft
belauschet sie in dichten Hainen der Bäume Nymphen und den Ziegenfüfs'gen Wald-Gott, und
Schilfbekränzte Nymphen in den Grotten; und
oft besuchet sie bemooste Hütten, um die der
Landmann stille Schatten pflanzet, und bringt
Geschichten her, von Grofsmuth und von Tugend,
und von der immer frohen Unschuld. Auch oft
beschleichet sie der Gott der Liebe, in grünen
Grotten dichtverwebner Sträuche, und oft im

Weidenbuſch an kleinen Bächen. Er horchet dann ihr Lied, und kränzt ihr fliegend Haar, wenn ſie von Liebe ſingt und frohem Scherz.

Dies, Daphne! dies allein, belohne meine Lieder, dies ſey mein Ruhm, daſs mir an deiner Seite, aus deinem holden Auge Beyfall lächle. Den der nicht glüklich iſt wie ich, begeiſtre der Gedanke, den Ruhm der ſpäten Enkel zu erſingen; ſie mögen Blumen auf ſein Grabmahl ſtreun, und kühlen Schatten über den verweſnen Pflanzen!

MILON.

O du! die du lieblicher bift, als der thauende
Morgen, du mit den groffen fchwarzen Augen;
fchön wallet dein dunkles Haar unter dem Blu-
menkranz weg, und fpielt mit den Winden.
Lieblich ifts, wenn deine rothen Lippen zum Lachen fich öfnen, lieblicher noch, wenn fie zum
Singen fich öfnen. Ich habe dich behorcht.
Chloe! o ich habe dich behorcht! da du an
jenem Morgen beym Brunnen fangeft, den die
zwo Eichen befchatten; böfe, dafs die Vögel nicht
fchwiegen, böfe dafs die Quelle raufchte hab ich
dich behorcht. Izt hab ich neunzehn Erndten gefehen, und ich bin fchön und braun von Geficht;
oft hab ichs bemerkt, dafs die Hirten auf hörten
zu fingen und horchten, wenn mein Gefang durchs
Thal hintönte, und deinen Gefang würde keine
Flöte beffer begleiten als meine. O fchöne Chloe,

liebe

liebe mich! Siehe, wie lieblich es ist, auf diesem Hügel in meinem Felsen zu wohnen! sieh wie das kriechende Epheu ein grünes Nez anmuthig um den Felsen herwebt, und wie sein Haupt der Dornstrauch beschattet. Meine Höhle ist bequem, und ihre Wände sind mit weichen Fellen behangen, und vor den Eingang hab' ich Kürbisse gepflanzet, sie kriechen hoch empor und werden zum dämmernden Dach; Sieh wie lieblich die Quell' aus meinem Felsen schäumt, und hell über die Wasserkresse hin durch hohes Gras und Blumen quillt! unten am Hügel sammelt er sich zur kleinen See, mit Schilf-Rohr und Weiden umkränzt, wo die Nymphen bey stillem Mondschein oft nach meiner Flöte tanzen, wenn die hüpfenden Faunen mit ihren * Crotalen mir nachklappern. Sieh wie auf dem Hügel die Haselstaude zu grü-

---

* Crotalen, waren aufgespaltene Rohre, deren Auf- und Zuschlagen das Ton-Maals des Gesanges und der andern Instrumente begleitete.

B

nen Grotten fich wölbt, und wie die Brombeer-
Staude mit fchwarzer Frucht um mich her kriecht,
und wie der Hambutten - Strauch die rothen Bee-
ren empor trägt, und wie die Apfelbäume voll
Früchte ftehn, von der kriechenden Reb' um-
fchlungen.   O Chloe! difs alles ift mein!   wer
wünfchet fich mehr ?   Aber ach! wenn du mich
nicht liebeft, dann umhüllt ein dichter Nebel die
ganze Gegend.   O Chloe liebe mich!   Hier wollen wir dann ins weiche Gras uns lagern, wenn
Ziegen an der felfichten Seite klettern, und die
Schafe und die Rinder um uns her im hohen
Grafe waden ;   dann wollen wir über das weit
ausgebreitete Thal hinfehn, ins glänzende Meer,
wo die Tritonen hüpfen und wo Phöbus von feinem Wagen fteigt, und fingen, dafs es weit umher in den Felfen wiedertönt, dafs Nymphen ftill
ftehn und horchen, und die Ziegenfüffigten Wald-
Götter.

So fang Milon der Hirt auf dem Felfen, als

Chloe in dem Gebüfch ihn behorchte; lächelnd
t at fie hervor, und fafste dem Hirten die Hand;
Milon, du Hirt auf dem Felfen, fo fprach fie, ich
liebe dich mehr als die Schafe den Klee, mehr
als die Vögel den Gefang; führe mich in deine
Höhle; füffer ift mir dein Kufs als Honig, fo lieblich raufcht mir nicht der Bach.

IDAS. MYCON.

Sey mir gegrüfst Mycon! du lieblicher Sänger! wenn ich dich fehe, dann hüpft mir das Herz vor Freude; feit du auf dem Stein beym Brunnen mir das Frühlings-Lied fangeft, feitdem hab ich dich nicht gefehen.

Mycon. Sey mir gegrüfst Idas, du lieblicher Flötenfpieler! Lafs uns einen kühlen Ort fuchen, und in dem Schatten uns lagern.

Idas. Wir wollen auf diefe Anhöhe gehn, wo die groffe Eiche des Palemons fteht; fie befchattet weit umher, und die kühlen Winde flattern da immer. Indefs können meine Ziegen an der jähen Wand klettern und vom Gefträuch reiffen. Sieh wie die groffe Eiche die fchlanken Aefte herum trägt, und kühlen Schatten ausftreut; lafs hier bey den wilden Rofen-Gebüfchen uns lagern, die fanften Winde follen

mjt un'ern Haaren fpielen. Mycon! difs ift mir
ein heiliger Ort! O Palemon! diefe Eiche bleibt
deiner Redlichkeit heiliges Denkmaal! Palemon
hatte eine kleine Heerde ; er opferte dem Pan
viele Schafe; o Pan! bat er, lafs meine Herde
fich mehren, fo kann ich fie mit meinem armen
Nachbar theilen, und Pan machte dafs feine Herde
in einem Jahr um die Hälfte fich mehrte, und
Palemon gab dem armen Nachbar die Hälfte der
ganzen Herde, da opfert' er dem Pan auf diefem
Hügel, und pflanzt' eine Eiche, und fprach : O
Pan! diefer Tag fey mir heilig, an dem mein
Wunfch fich erfüllte, fegne die Eiche, dafs ich
jährlich in ihrem Schatten dir opfere. Mycon!
foll ich dir das Lied fingen, das ich immer unter
diefer Eiche finge?

Mycon. Wenn du mir das Lied fingeft, dann
will ich diefe neunftimmige Flöte dir fchenken, ich
felbft habe die Rohre mit langer Wahl am Ufer gefchnitten, und mit wohlriechendem Wachs vereint.

Idas fang izt.

- Die ihr euch über mir wölbt, fchlanke Aefte, ihr ftreut mit euerm Schatten ein heiliges Entzüken auf mich; Ihr Winde, wenn ihr mich kühlt, dann ifts als raufcht' eine Gottheit unfichtbar neben mir hin! Ihr Ziegen und ihr Schafe, fchonet, o fchonet! und reifst das junge Epheu nicht vom weiffen Stamm, dafs es empor fchleiehe und grüne Kränze flechte, rings um den weiffen Stamm. Kein Donnerkeil, kein reiffender Wind foll dir fchaden, hoher Baum! Die Götter wollens, du follt der Redlichkeit Denkmaal feyn! Hoch fteht fein Wipfel empor, es fiehet ihn fernher der Hirt, und weift ihn ermahnend dem Sohn; es fieht ihn die zärtliche Mutter, und fagt Palemons Gefchichte, dem horchenden Kind auf der Schoofs. O pflanzt folche Denkmaal' ihr Hirten! dafs wir einft voll heilgen Enrzükens, in dunkeln Hainen einhergehn.

. So fang Idas, er hatte fchon lange gefchwie-

gen; und Mycon faſs noch wie horchend; ach
Idas! Mich entzükt der thauende Morgen, der
kommende Frühling entzükt mich, noch mehr des
Redlichen Thaten.

So ſprach Mycen, und gab ihm die neunſtim-
mige Flöte.

DAPHNIS.

An einem hellen Winter-Morgen fafs Daphnis
in feiner Hütte; die lodernde Flammen angebrann-
ter dürrer Reifer ftreuten angenehme Wärme
in der Hütte umher, indefs dafs der Herbe
Winter fein Stroh-Dach mit tiefem Schnee bedekt hielt; er fah vergnügt durch das enge Fenster über die wintrichte Gegend hin. Du herber
Winter, fo fprach er, doch bift du fchön! Lieblich lächelt her die Sonne durch die dünnbenebelte
Luft über die Schnee-bedekten Hügel hin; wie
glänzet der Schnee! Lieblich ifts, wie aus dem
Weiffen empor die fchwarzen Stämme der Bäume
zerftreut ftehn, mit ihren krummgefchwungenen
unbelaubten Aeften, oder eine braune Hütte mit
dem Schnee-bedekten Dach, oder wenn die
fchwarzen Zäune von Dorn-Stauden die weiffe
Ebene durchkreuzen; Schön ifts wie die grüne

Saat dort über das Feld hin die zarten Spizen aus
dem Schnee empor hebt, und das Weifs mit
fanftem Grün vermifcht; Schön glänzen die nahen
Sträuche; ihre dünnen Aefte find mit Duft gefchmükt, und die dünnen umherflatternden Fa-
den. Zwar ift die Gegend öde, die Herden ruhen
eingefchloffen im wärmenden Stroh; nur felten
fieht man den Fufstritt des willigen Stiers, der
traurig das Brennholz vor die Hütte führt, das
fein Hirt im nahen Hain gefällt hat; die Vögel haben die Gebüfche verlaffen, nur die einfame
Meife finget ihr Lied, nur der kleine Zaun-Schlü-
pfer hüpfet umher, und der braune Sperling
kömmt freundlich zu der Hütte und pücket die hin-
geftreuten Körner; Dort wo der Rauch aus den
Bäumen in die Luft empor wallt, dort wohnet
meine Phillis! Vielleicht fizeft du izt beym wärmenden Feuer, das fchöne Geficht auf der unter-
ftüzenden Hand, und denkeft an mich, und wün-
fcheft den Frühling; Ach Phillis! wie fchön bift

du! Aber, nicht nur deine Schönheit hat mich
zur Liebe gereizt; O wie liebt' ich dich da! als
den jungen Alexis zwo Ziegen von der Felsen-
Wand stürzten; er weinte, der junge Hirt; ich
bin arm, sprach er, und habe zwo Ziegen ver-
lohren, die eine war trächtig; ach! ich darf
nicht zu meinem armen Vater in die Hütte zurük
kehren. So sprach er weinend, du sahest ihn wei-
nen, Phillis, und wischtest die mitleidigen Thränen vom Aug, und nahmest aus deiner kleinen
Herde zwo der besten Ziegen; da Alexis, sprachst
du, nimm diese Ziegen, die eine ist trächtig, und
wie er vor Freude weinte, da weintest du auch
vor Freude, weil du ihm geholfen hattest. O! sey
immer unfreundlich Winter; meine Flöte soll doch
nicht bestaubt in der Hütte hangen, ich will den-
noch von meiner Phillis ein frohes Lied singen;
zwar hast du alles entlaubt, zwar hast du die
Blumen von den Wiesen genommen, aber du
sollt es nicht hindern, daß ich einen Kranz

flechte ; Epheu und das fchlanke Ewig - Grün
mit den blauen Blumen will ich durch einander
flechten, und diefe Meife, die ich geftern feng,
foll in ihrer Hütte fingen ; ja ich will dich ihr
heute bringen und den Kranz ; fing ihr dann dein
frohes Lied, fie wird freundlich lächelnd dich an-
reden, und in ihrer kleinen Hand die Speife dir
reichen. O wie wird fie dich pflegen, weil du
von mir kömmft !

MIRTIL.

Bey ſtillem Abend hatte Mirtil noch den Mond-
beglänzten Sumpf beſucht, die ſtille Gegend im
Mondſchein und das Lied der Nachtigall hatten
ihn in ſtillem Entzüken aufgehalten.   Aber izt
kam er zurük,   in die grüne Laube von Reben
vor ſeiner einſamen Hütte, und fand ſeinen alten
Vater ſanftſchlummernd am Mondſchein,   hinge-
ſunken,   ſein graues Haupt auf den einen Arm
hingelehnt.   Da ſtellt er ſich, die Arme in einander geſchlungen, vor ihm hin.   Lang ſtand er
da, ſein Blik ruhete unverwand auf dem Greiſen,
nur blikt er zuweilen auf,   durch das glänzende
Reblaub zum Himmel, und Freuden-Thränen floſſen dem Sohn vom Auge.

O du! ſo ſprach er izt, du, den ich nächſt den
Göttern am meiſten ehre! Vater! wie ſanft
ſchlummerſt du da! Wie lächelnd iſt der Schlaf,

des Frommen! Gewiß gieng dein zitternder
Fuß aus der Hütte hervor, in ſtillem Gebete
den Abend zu feyren, und beyend ſchlieſeſt du
ein. Du haſt auch für mich gebetet, Vater! Ach
wie glüklich bin ich! die Götter hören dein Ge-
bet; oder warum ruhet unſere Hütte ſo ſicher in
den von Früchten gebogenen Aeſten, warum iſt
der Segen auf unſerer Herde und auf den Früchten unſers Feldes? Oft wenn du bey meiner
ſchwachen Sorge für die Ruhe deines matten
Alters Freuden-Thränen weineſt; wenn du dann
gen Himmel blikeſt und freudig mich ſegneſt,
ach was empfind ich dann, Vater! Ach dann
ſchwellt mir die Bruſt, und häufige Thränen quil-
len vom Auge! Da du heut an meinem Arm aus
der Hütte giengeſt, an der wärmenden Sonne
dich zu erquiken, und die frohe Herde um dich
her ſaheſt und die Bäume voll Früchte, und die
fruchtbare Gegend umher, da ſprachſt du, meine
Haare ſind unter Freuden grau worden, ſeyd

immer gefegnet, Gefilde! nicht lange mehr wird
mein dunkelnder Blik euch durchirren, bald werd
ich euch an feligere Gefilde vertaufchen. Ach
Vater! befter Freund! bald foll ich dich verlie-
ren, trauriger Gedanke! Ach! dann - - dann will
ich einen Altar neben dein Grab hinpflanzen, und
dann, fo oft ein feliger Tag kömmt, wo ich Nothleidenden Gutes thun kann, dann will ich, Vater! Milch und Blumen auf dein Grabmaal
ftreun.

Izt fchwieg er, und fah mit thränendem Aug
auf den Greifen, ,,wie er lächelnd da liegt und
fchlummert! fprach er izt fchluchzend, es find
von feinen frommen Thaten im Traum vor feine
Stirne geftiegen. Wie der Mondfchein fein kahles
Haupt befcheint und den glänzend weiffen Bart!
O dafs die kühlen Abendwinde dir nicht fchaden
und der feuchte Thau! izt küfst er ihm die Stirne,
fanft ihn zu wecken und führt ihn in die Hütte,
um fanfter auf weichen Fellen zu fchlummern.

LYCAS und MILON.

Der junge Sänger Milon (denn auf feinem zarten Kinn ftunden die Haare noch felten, fo wie das zarte Gras im jungen Frühling aus fpätgefallnem Schnee nur felten vorkeimt) und Lycas mit dem fchöngelokten Haar, gelb wie die reife Saat, kamen zufammen mit der blökenden Herde, hinter dem Buchenwald. Sey mir gegrüfst Lycas, fprach der Sänger Milon und bot ihm die Hand, fey mir gegrüfst, lafs in den Buchenwald uns gehn, indefs irret unfere Herde im fetten Gras am Teich, mein wacher Hund wirds nicht zugeben, dafs fie fich zerftreue!

Lycas. Nein Milon, wir wollen hier unter den gewölbten ftozigten Felfen uns fezen, es liegen da heruntergeriffene Stüke mit fanftem Moos bedekt. Dort ifts lieblich und kühl, fieh wie der klare Bach ftaubend ins wankende,

Geſträuche ſich ſtürzt, er rieſelt unter ihrem Ge-
webe hervor, und eilt in den Teich.   Hier iſts
lieblich und kühl, laſs auf die bemooſten Steine
uns ſezen, dann ſteht der Schatten des Buchen-
walds dunkel gegen uns über.

Und izt giengen ſie und ſezten ſich unter dem
Felſen auf die bemooſten Steine : Und Milon
ſprach, lang ſchon, du Flötenſpieler Lycas, lang
ſchon hab ich deinen Geſang loben gehört, laſs
uns einen Wettgeſang ſingen, denn auch mir ſind
die Muſen gewogen ;   jenes junge Rind will ich
zum Preis dir ſezen, es iſt ſchön geflekt, ſchwarz
und weiſs.

Lycas. Und ich, ich ſeze die beſte Ziege aus
meiner Herde, ſamt ihrem Jungen, dort reiſst ſie
das Epheu von der Weide am Teich, das muntre
Junge hüpft neben ihr.   Aber Milon, wer ſoll
Richter ſeyn ? Soll ich den alten Menalkas rufen ?
Sieh, er leitet die Quelle in die Wieſe am Buchenwald; er verſteht den Geſang.   Izt riefen die

jun-

jungen Hirten dem Menalkas, und er kam und
ſezte ſich zu den Knaben auf einen weich- bemooſten Stein, und Milon hub den Geſang an.

'Milon. Selig, iſt der zu preiſen, der die Gunſt
der Muſen hat. Wenn uns das Herz von Freuden hüpft, wie lieblich iſt es dann ein Lied zu
ſingen, der Echo und dem Hain! Nie entſteht
mir ein liebliches Lied, wenn mich der Mondſchein entzükt, oder des Morgens Roſenfarbe.
Auch weiſs ich daſs der Geſang die trüben Stunden heiter macht. Denn mir ſind die Muſen
gewogen, und jene ſchneeweiſſe Ziege iſt ihnen
zum Opfer beſtimmt, bald will ich ſie, die Hörner
mit Blümen umkränzt, opfern, und neue Loblieder ſingen.

Lycas. Als ſtammelndes Kind ſaſs ich dem
Vater auf dem Schooſs, und wenn er ein Lied
auf der Rohrflöte blies, dann horcht' ich ſchon
aufmerkſam zu und lallt' es ihm nach. Oder
lächelnd nahm ich die Flöt' ihm vom Mund, und

C

blies gebrochene Töne hervor. Aber bald erschien
Pan mir im Traum. Jüngling, so sprach er, geh
in den Hain und hole die Flöte, die der Sänger
Hylas an die mir geheiligte Eiche hieng, du bist
es werth ihm nachzuspielen. Erst gestern hab ich
ihm Sprossen von meinen neugepfropften Bäumen
gebracht, und einen Krug voll Oel und einen Krug
voll Milch vor ihm ausgegossen.

Milon. Auch die Liebe begeistert zu Gesängen,
mehr als das helle Morgenroth, mehr als der liebliche Schatten, mehr als der Schimmer des Monds.
O wenn ein tugendhaft Mädchen unsre Lieder
lobt! Wenn es unsre Lieder mit sanftem Lächeln
belohnt, oder mit einem Kranz! Seit Daphne
ihren Freund mich nennt, seitdem ists in meinem
Herzen so helle wie in dieser Gegend voll Son-
nenschein im Frühling, seitdem sing ich bessere
Lieder; Daphne, die sanft lächelt wie die milde
Ceres, und weise ist wie die Musen.

Lycas. Ach! mein Herz ist lange frey von Liebe geblieben, da fang ich ruhig nichts als frohe Lobgefänge den Göttern, oder von der Pflege der Herde, oder vom Pfropfen der Bäume, oder vom Warten des Weinftockes. Aber feit ich Chloen fah, die unempfindliche Chloe, feitdem fing ich nur Trauerlieder, feitdem ftöhrt Wehmuth jede meiner Freuden. Bald hätt' ich meine Liebe befiegt, nur felten kam fie in mein Herze zurük. Aber ach! ich werde fie nicht wieder befiegen, feit ich Chloen beym blühenden Schlehenbufch fah und ihren Gefang hörte; muthwillige Zephirs fchwärmten im Bufch und riffen die weiffen Blüthen weg, und ftreuten fie auf Chloen hin, und ahmeten den befiegten Winter mit feinen Floken nach.

Milon. Dort wo der fchwarze Tannenwald fteht, dort riefelt ein Bach aus Stauden hervor, dorthin treibt Daphne oft ihre Herde. Jüngft hab ich, als das Morgenroth kam, den ganzen Ort mit Kränzen gefchmükt; flatternd hiengen fie von

einer Staude zur andern, und wanden fich um
ihre Stämme, da war es wie ein Heiligthum des
Frühlings oder der freundlichen Venus. Ich will
izt noch unfere Namen in diefe Fichte fchneiden,
fprach ich, und dann will ich mich in jenem Bufch
verbergen, und ihr Lächeln fehn, und ihre Worte
behorchen. So fprach ich und fchnitt in die Rin-
de, als plözlich ein Kranz um meine Schläfe fich
wand, fchnell fanft erfchroken fah ich zurük und
Daphne ftund lächelnd da, ich habe dich behorcht, fprach fie, und drükte den zärtlichften
Kufs auf meine Lippen.

Lycas. Dort an dem Hügel fteht meine be-
fchattete Hütte, dort an der blumichten Quelle
ftehn meine Bienen-Körbe in zween Reihen;
wirthfchaftlich wohnen fie da im kühlen Schatten der Oelbäume. Noch kein junger Flug hat
fich zu weit von meinem Anger entfernt, fie fum-
fen frölich umher im blumichten Anger, und fammeln mir Honig und Wachs im Ueberflufs; Sich

wie meine Kühe mit vollem Eiter gehn, und wie
die jungen Kälber muthwillig sie umhüpfen, und
wie meine Ziegen und meine Schafe so zahlreich
die Stauden entblättern und das Gras mähen.
Difs, Chloe! difs gaben mir die Götter, und sie
lieben mich, weil ich tugendhaft bin; willt du,
o Chloe! willst du mich nicht auch lieben wie die
Götter, weil ich tugendhaft bin?

So sangen die Hirten, und Menalkas sprach:
Wem soll ich den Preifs zutheilen, ihr schönen
Sänger? Eure Lieder sind süfs wie Honig, lieblich
flieffen sie wie dieser Bach, so ermuntert der Kufs
von rosenfarbigten Lippen. Nimm du Lycas das
schwarzgeflekte Rind, und gieb dem Milon die
Ziege mit ihren Jungen.

AMYNTAS.

Bey frühem Morgen kam der arme Amyntas
aus dem dichten Hain, das Beil in feiner Rechten. Er hatte fich Stäbe gefchnitten zu einem
Zaun, und trug ihre Laft gekrümmt auf der Schulter. Da fah er einen jungen Eichenbaum neben
einem hinraufchenden 'Bach, und der Bach hatte
wild feine Wurzeln von der Erd' entblößet, und
der Baum ftund da, traurig und drohte zu finken.
Schade, fprach er, follteft du Baum in difs wilde
Waffer ftürzen; nein, dein Wipfel foll nicht zum
Spiel feiner Wellen hingeworfen feyn. Izt nahm
er die fchweren Stäbe von der Schulter; ich kann
mir andre Stäbe holen, fprach er, und hub an,
einen ftarken Damm vor den Baum hinzubauen
und grub frifche Erde ; Izt war der Damm ge-
baut, und die entblöfsten Wurzeln mit frifcher
Erde bedekt, und izt nahm er fein Beil auf die

Schulter, und lächelte noch einmal zufrieden mit
feiner Arbeit in den Schatten-des geretteten Baumes hin, und wollte in den Hain zurük um andre
Stäbe zu holen; aber die * Dryas rief ihm mit lieblicher Stimme aus der Eiche zu : Sollt ich unbe-
lohnet dich weglaſſen? gütiger Hirt! ſage mirs,
was wünſcheſt du zur Belohnung, ich weiſs daſs
du arm biſt, und nur fünf Schafe zur Weide füh-
reſt. „O wenn du mir zu bitten vergönneſt,
Nymphe, ſo ſprach der arme Hirt; mein Nachbar
Palemon iſt ſeit der Erndte ſchon krank, laſs ihn
geſund werden!

So bat der Redliche, und Palemon ward geſund;
aber Amyntas ſah den mächtigen Segen in ſeiner
Herde und bey ſeinen Bäumen und Früchten, und
ward ein reicher Hirt, denn die Götter laſſen die
Redlichen nicht ungeſegnet.

* Die Dryaden waren Schuz-Göttinnen der Eichen, ſie entſtunden und ſtarben auch wieder
mit dem Baum.

DAMON. DAPHNE.

Damon.

Es ift voriiber gegangen, Daphne! das fchwarze
Gewitter, die fchrekende Stimme des Donners
fchweigt; Zittre nicht, Daphne! die Blize fchlängeln fich nicht mehr durchs fchwarze Gewölk;
lafs uns die Höhle verlaffen; die Schafe, die fich
ängftlich unter diefem Laubdach gefammelt, fchüt-
teln den Regen von der triefelnden Wolle, und
zerftreuen fich wieder auf der erfrifcheten Weide;
Lafst uns hervorgehn, und fehn, wie fchön die
Gegend im Sonnenfchein glänzt.

Izt traten fie Hand in Hand aus der fchüzenden Grotte hervor; Wie herrlich! rief Daphne,
dem Hirt die Hand drükend, wie herrlich glänzt
die Gegend! Wie hell fchimmert das Blau des
Himmels durch das zerrifsne Gewölk! Sie fliehen,
die Wolken; wie fie ihren Schatten in der Sonn-

beglänzten Gegend zerſtreun! ſieh ·Damon, dort liegt der Hügel mit ſeinen Hütten und Herden im Schatten, izt fliehet der Schatten und läſst ihn im Sonnen-Glanz; ſieh wie er durchs Thal hin über die blumichten Wieſen lauft.

Wie ſchimmert dort, Daphne! rief Damon, wie ſchimmert dort der Bogen der Iris von ei- nem glänzenden Hügel zum andern ausgeſpannt; am Rüken das graue Gewölk verkündigt die freundliche Göttinn von ihrem Bogen der Gegend die Ruhe, und lächelt durchs unbeſchädigte Thal hin.

Daphne antwortete, mit zartem Arm ihn um- ſchlingend, ſieh die Zephir kommen zurük, und ſpielen froher mit den Blumen, die verjüngt mit den hellblizenden Regen-Tropfen prangen, und die bunten Schmetterlinge und die beflügelten Würmchen ſtiegen, wieder froher im Sonnen- Schein, und der nahe Teich - - wie die genezten Büſche und die Weiden zitternd um ihn her glän-

zen! ſieh er empfängt wieder ruhig das Bild des
hellen Himmels und der Bäume umher.

Damon. Umarme mich Daphne, umarme
mich! O was für Freude durchſtrömt mich!
wie herrlich iſt alles um uns her! Welche uner-
ſchöpfliche Quelle von Entzüken! Von der bele-
benden Sonne bis zur kleineſten Pflanze ſind alles
Wunder! O wie reiſst das Entzüken mich hin!
wenn ich vom hohen Hügel die weitausgebrei-
tete Gegend überſehe, oder, wenn ich ins Gras
hingeſtrekt, die mannigfaltigen Blumen und Kräuter betrachte und ihre kleine Bewohner; oder wenn
ich in nächtlichen Stunden, den geſtirnten Himmel, wenn ich den Wechſel der Jahrszeiten, oder
den Wachsthum der unzählbaren Gewächſe - -
wenn ich die Wunder betrachte, dann ſchwellt mir
die Bruſt, Gedanken drängen ſich dann auf;
ich kann ſie nicht entwikeln, dann wein' ich
und ſinke hin und ſtammle mein Erſtaunen dem
der die Erde ſchuf! O Daphne, nichts gleicht

dem Entzüken, es fey denn das Entzüken von dir
geliebt zu feyn.

Daphne.   Ach Damon! auch mich, auch mich
entzüken die Wunder!   O laſs uns in zärtlicher
Umarmung den kommenden Morgen, den Glanz
des Abendroths und den fanften Schimmer des
Mondes,   laſs uns die Wunder betrachten,   und
an die bebende Bruſt uns drüken, und unfer Erſtaunen ſtammeln;   O welch unausfprechliche
Freude! .wenn diſs Entzüken zu dem Entztüken der
zärtlichſten Liebe fich mifcht.

DAMON. PHILLIS.

Damon.

Izt hab ich fechzehn Frühlinge gefehn, doch liebſte Phillis! keiner, noch keiner war ſo ſchön wie der? weiſsſt du warum? - - Ich hüt' izt neben dir die Herde..

Phillis. Und ich, ich hab izt dreyzehn Frühlinge gefehn. Ach liebſter Damon! keiner, nein keiner war für mich ſo ſchön wie der; weiſst du warum? - - Izt drükte ſie ihn ſeufzend an die Bruſt.

Damon. Sieh Phillis, wie der dichte Buſch, bey dieſer Schleuſſe ſchattigt ſich wölbt, hör wie die Quelle rauſcht? dort wollen wir ins hohe Gras uns legen, und - - -

Phillis. Ja, lieber Damon! denn bey dir nur bin ich froh. Sieh her, mein Buſen bebt voll Freude, denn - - denk einmal, fünf lange Stunden hab ich dich nicht gefehn.

Damon. Hier, liebe Phillis! hier feze dich im Klee. O könnt ich immer dich lächeln fehn, und deine Augen! - - Nein, fieh mich nicht fo an, fprach er, und drükte fanft des Mädchens Augen zu; Glaube, wenn dein Blik fo lächelnd mir ins Auge fieht, ich weifs nicht wie mir dann gefchieht, ich zittre, ich feufze dann und meine Worte floken.

. Phillis. Nimm Damon, nimm die Hand von meinen Augen, denn, wenn du meine Hand in deine drükeft, dann gehts mir eben fo, wie fährts durch mich, ich weifs nicht was es ift, dann pochet mir das Herz.

Damon. Sieh Phillis, fieh, was ift dort auf dem Baum? zwo Tauben - - fieh - - fjeh wie fie freundlich fich mit den Flügeln fchlagen; höre wie fie girren; Izt, izt - - fie picken fich den bunten Hals, und izt den kleinen Kopf, und um die kleinen Augen. Komm, Phillis! komm, wir wollen mit den Armen uns auch umfchlagen, wie

fie mit den Flügeln; Reiche deinen Hals mir her und
deine Augen, dafs ich dich fchnäbeln kann - -

Phillis. Halt deine Lippen doch auf meine
Lippen, dann Damon, fchnäbeln beyde.

Damon. Ach Phillis! ach! wie füfs ift diefes
Spiel! Habt Dank, habt Dank, ihr kleinen Tauben, der Sperber töd' euch nie - - -

Phillis. Habet Dank, ihr kleinen Tauben, habet Dank; flieget her in meinen Schoos, kommt,
wohnet bey mir. Im Feld und im Hain will ich
die beften Speifen euch fammeln; indefs dafs Damon mich fchnäbelt, könnt ihr dann auf meinem
Schoos euch fchmäbeln; - - Sie kommen nicht - -
fie fliegen weg! - -

Damon. Höre Phillis! mir fällt was ein?
Wenn diefes Küffe wären, von denen jüngft Amyntas fang - -

„Dem müden Schnitter ift ein frifcher Trunk
„nicht halb fo füfs, als Liebenden ein Kufs:
„viel lieblicher ift fein Geräufch, als wann ein

„kühler Bach, wenn uns der schwüle Mittag „brennt, durch dunkle Schatten fliefst.

Phillis. ja gewifs! Bald wollt' ich wetten, dafs es Küffe find ; komm, wir wollen gehn und Chloen fragen. - - Doch feze mir zuerst den Kranz zurecht. - - Du haft mein Haar zerzauft!

DER ZERBROCHENE KRUG.

Ein Ziegenfüffiger Faun lag unter einer Eiche in tiefem Schlaf ausgeftrekt, und die jungen Hirten fahen ihn, wir wollen, fprachen fie, ihn feft an den Baum binden, und dann foll er uns für die Loslaffung ein Lied fingen. Und fie banden ihn an dem Stamm der Eiche feft, und warfen mit der gefallenen Frucht des Baumes ihn wach. Wo bin ich? fo fprach der Faun, und gähnte, und dähnte die Arme und die Ziegenfüffe weit aus, wo bin ich? Wo ift meine Flöte? Wo ift mein Krug? Ach! da liegen die Scherben vom fchön- ften Krug! Da ich geftern im Raufch hier fank, da hab ich ihn zerbrochen - - Aber wer hat mich feftgebunden? fo fprach er und fah rings umher, und hörte das zwitfchernde Lachen der Hirten. Bindet mich los, ihr Knaben, rief er;

Wir

Wir binden dich nicht los, sprachen sie, du sin-
gest uns denn ein Lied. Was soll ich euch singen, ihr Hirten, sprach der Faun, von dem zer-
brochenen Krug will ich singen, da sezet euch
im Gras um mich her.

Und die Hirten sezten sich ins Gras um ihn her,
und er hub an.

Er ist zerbrochen, er ist zerbrochen, der schönste Krug; Da liegen die Scherben umher!

Schön war mein Krug, meiner Höhle schönste
Zierde, und gieng ein Wald-Gott vorüber, dann
rief ich: Komm, trink' und siehe den schönsten
Krug! Zevs selbst hat bey dem frohesten Fest
nicht einen schönern Krug.

Er ist zerbrochen, ach! er ist zerbrochen! der
schönste Krug! Da liegen die Scherben umher.

Wenn bey mir die Brüder sich sammelten, dann
saßen wir rings um den Krug! Wir tranken, und
jeder der trank, sang die darauf gegrabene Geschichte, die seinen Lippen die nächste war. Izt

. D

trinken wir nicht mehr, ihr Brüder ! aus dem
Krug, izt singen wir nicht mehr die Geschichte,
die jedes Lippen die nächste ist;

Er ist zerbrochen, ach er ist zerbrochen, der
schönste Krug! Da liegen die Scherben umher.

Denn auf dem Krug war gegraben, wie Pan
voll Entsezen am Ufer sah, wie die schönste
Nymphe, in den umschlingenden Atmen, in
lispelnden Schilf sich verwandelte ; Er schnitt dä
Flöten von Schilfrohr, von ungleicher Länge, und
kleibte mit Wachs sie zusammen, und blies dem
Ufer ein trauriges Lied. Die Echo horchte die
neue Musik und sang sie dem erstaunten Hain und
den Hügeln.

Aber er ist zerbrochen, er ist zerbrochen, der
schönste Krug! Da liegen die Scherben umher.

Dann stund auf dem Krug, wie Zevs, als weis-
ser Stier, auf dem Rüken die Nymph' Europa auf
Wellen entführte ; Er lekte mit schmeichelnder
Zunge der Schönen entblüssetes Knie.   Indefs

rang fie jammernd die Hände über dem Haupt,
mit deſſen lokichtem Haare die gaukelnden Zephire
ſpielten; und vor ihm her ritten die Amors, lächelnd auf dem willigen Delphin.

Aber er iſt zerbrochen, er iſt zerbrochen, der
ſchönſte Krug! Da liegen die Scherben umher.

Auch war der ſchöne Bachus gegraben; Er ſaſs
in einer Laube von Reben; und eine Nymphe lag
ihm zur Seite. Ihr linker Arm umſchlang ſeine
Hüften; den rechten hielt ſie empor und zog den
Becher zurük; nach dem ſeine lächelnden Lippen
ſich ſehnten: Schmachtend ſah ſie ihn an, und
ſchien ihn um Küſſe zu flehen; und vor ihm ſpielten ſeine geflekten Tieger; ſchmeichelnd aſſen ſie
Trauben, aus den kleinen Händen der Amor;

Aber er iſt zerbrochen, er iſt zerbrochen, der
ſchönſte Krug! Da liegen die Scherben umher;
O klag es Echo dem Hain; klag es dem Faun in
den Höhlen! er iſt zerbrochen, da liegen die
Scherben umher.

So fang der Faun, und die jungen Hirten banden ihn los und befahen bewundernd die Scherben im Gras.

DAPHNIS. CHLOE.

Das Abendroth kam, als Chloe mit ihrem Daphnis zu dem riefelnden Bach in das einfame Weiden-Gebüfche kamen; Hand in Hand gedrükt kamen fie ins Gebüfche; aber fchon fafs Alexis am riefelnden Bach, ein fchöner Jüngling, aber noch nie war die Liebe in feinem Bufen erwachet; Sey mir gegrüfst, du Liebeleerer Jüngling, fprach Daphnis, vielleicht zwar, hat izt ein Mädchen dein Herz enthärtet, da du fo einfame Schatten fucheft, denn die Liebenden fuchen gerne einfame Schatten, Ich komme mit meiner Chloe her, wir wollen im ftillen Bufch das Glük unfrer Liebe fingen. So fprach er, und drükte des Mädchens Hand an feine Bruft. Willft du zuhören, Alexis?

Alexis. Nein kein Mädchen hat mein Herz enthärtet. Ich kam hieher zu fehn, wie fchön der

Abend die Berge röthet, aber gerne will ich euern Gesang hören, es ist lieblich beym Abendroth einen schönen Gesang zu hören.

Daphnis. Komm Chloe, hier laſs uns neben ihm ins Gras uns ſezen, wir wollen ein Lied ſingen, meine Flöte ſoll deinen Geſang begleiten, Chloe! und du Alexis, du bist ein guter Flöten-Spieler, begleite du den meinen.

Ich will ihn begleiten, ſprach Alexis, und izt ſezten ſie ſich ins Gras am Bach, und Daphnis hub an.

Daphnis. Du ſtilles Thal und ihr belaubten Hügel! kein Hirt iſt ſo glüklich wie ich, denn Chloe liebet mich, lieblich iſt ſie wie der frühe Morgen, wenn die Sonne ſanft vom Berg heraufſteigt; dann, dann freut ſich jede Blume, und die Vögel ſingen ihr entgegen, und hüpfen froh auf ſchlanken Aeſten, daſs der Thau vom Laube fällt.

Chloe. Froh iſt die kleine Schwalbe, wenn ſie vom Winter-Schlaf im Sumpf erwachet, und

den fchönen Frühling ficht; fie hüpft dann auf den
Weidenbaum und finget ihr Entzüken., den Hügeln und dem Thal, und ruft, Gefpielen, wachet
auf! der Frühling ift izt da. Doch viel entzükter
bin ich noch, denn Daphnis liebet mich, und ich
ruf euch Gefpielen zu, viel füffer ifts als der kommende Frühling, wenn uns ein tugendhafter Jüngling liebt.

Daphnis. Schön ift es, wenn auf fernen Hügeln die Herden in dunkeln Büfchen irren; doch
fchöner ifts, o Chloe! wenn ein frifcher Blu-
men-Kranz dein dunkles Haar durchirret; fchön
ift des heitern Himmels Blau, doch, fchöner ift dein
blaues Auge, wenn es lächelnd mir winket. Ja
liebe Chloe, mehr lieb ich dich als fchnelle Fifche
den klaren Teich, mehr als die Lerche die Mor-
gen-Luft.

Chloe. Da als ich im ftillen Teich mich befah,
ach! feufzt' ich, könnt ich dem Daphnis gefallen! dem beften Hirten. Indefs ftandft du ungefehn

mir am Rüken und warfest Blumen über mein
Haupt hin, dafs mein Bild in hüpfenden Kreifen
verfchwand; Erfchroken fah ich zurük, und fah
dich, und feufzte, und da drükteft du mich an
deine Bruft. Ach! rieffst du, die Götter find Zeugen, ich liebe dich! ach! fprach ich, ich liebe
dich, mehr als die Bienen die Blüthen, mehr als
die Blumen den Morgenthau.

Daphnis. O Chloe; wenn du mit thränendem
Auge, wenn du mit umfchlingendem Arme mir
fagft, Daphnis! ich liebe dich! Ach dann feh
ich durch den Schatten der Bäume hinauf, in den
glänzenden Himmel; ihr Götter! feufz ich dann,
ach wie kann ich mein Glük euch danken, dafs
ihr Chloen mir fchenkt? und dann fink ich an
ihre Bruft hin und weine, und dann küfst fie die
Thränen mir vom Auge.

Chloe. Und dann küfs ich die Thränen dir
vom Auge, aber häufigere Thränen flieffen dann
mir vom Aug und mifchen fich zu deinen Thränen.

Daphnis, feufz ich dann, ach Chloe! feufzeft du, und die Echo feufzet uns nach. Die Herd erquikt das junge Frühlings-Gras; Der kühle Schatten erquikt, bey fchwüler Mittags- Hitze; mich, Daphnis! mich erquiket nichts fo fehr, als wenn dein holder Mund mir fagt, dafs du mich liebft.

So fangen Daphnis und Chloe. Glükliche Kinder, fo fprach Alexis und feufzt'; ach! izt fühl ichs, dafs die Lieb' ein Glük ift, euer Gefang und eure Blike und euer Entzüken habens mir gefagt.

LYCAS.

ODER DIE ERFINDUNG DER GÄRTEN.

Izt schliefst uns der stürmende Winter ins Zimmer, und Wirbelwinde durchwühlen den silbernen Regen der Floken; Izt soll mir die Einbildungskraft den Schaz von Bildern öfnen, die sie in dem blumichten Lenz und in dem schwülen Sommer und in dem bunten Herbst sich gesammelt; aus ihnen will ich izt die schönsten wählen, und für dich, schöne Daphne! in Gedichte sie ordnen. So wählt ein Hirt seinem Mädchen zum Kranz nur die schönsten Blumen. O dafs es dir gefalle! wenn meine Muse dir siagt, wie in der Jugend der Tage, ein Hirt der Gärten Kunst erfand.

Das ist der Ort, sprach Lycas, der schöne Hirt, hier unter diesem Ulmbaum ists, wo gestern, als

die Sonne wich; die ſchöne Chloe mir die erſten
Küſſe gab; hier ſtandſt du und ſeufzteſt, als meine zitternden Arme dich umſchlangen, als meine
ſtokende Stimme meine Liebe dir ſagte, und mein
pochendes Herz und meine Thränen im Auge.
O da Chloe! da entſänk dein Hirten - Stab der
ritternden Hand, da ſankſt du an meine bebende
Bruſt; Lycas! ſo ſtammelteſt du, o Lycas! ich
liebe dich! Ihr ſtillen Büſche, ihr einſamen Quellen ſeyd Zeugen, euch hab ich meine Liebe ge-
klagt; und ihr, ihr Blumen, ihr tranket meine
Thränen wie Thau!

O Chloe, wie bin ich entzükt! welch unaus-
ſprechliches Glük iſt die Liebe! hier dieſer Ort
ſey der Liebe geheiligt! Ich will um die Ulme
her Roſen - Stauden pflanzen, und die ſchlanke
Waldwinde ſoll ſich an ihrem Stamm hoch hinauf ſchlingen, mit den weiſſen Purpur - geſtreiften
Blumen geſchmükt; ich will hieher den ganzen
Frühling ſammeln; die ſchöne Saat - Roſe will

ich hier bey der Lilie pflanzen. Ich will auf die
Wiefen und auf die Hügel gehen, und will ihnen
die blumichten Pflanzen rauben; die Viole und
die Nelke, und die blaue Gloken-Blume, und die
braune Scabiofe, alles, alles will ich fammeln;
dann foll es feyn wie ein Hain voll füffer Gerüche, und dann will ich um den Blumen - Hain
her die nahe Quelle leiten, dafs er zur kleinen
Infel wird, und rings umher will ich einen Zaun
von Dornbüfchen pflanzen, dafs die Ziegen und
die Schafe ihn nicht verwüften. O dann kommet,
ihr, die ihr der Liebe lebt, feufzende Turteltau-
ben, kommt dann im Wipfel der Ulme zu klagen, und ihr, ihr Sperlinge, verfolgt euch durchs
Rofen - Gebüfch, und fingt von wiegenden Aeften,
und ihr, ihr bunten Schmetterlinge, hafchet euch
im Blumen-Hain, und paart euch auf wankenden
Lilien.

Dann fagt der Hirt, der vorüber geht, wenn
ihm die Zephire die Gerüche weit her entge-

gen tragen, welcher Gottheit ist diefer Ort heilig? Gehört er der Venus, oder hat ihn Diana fo
fchön gefchmükt; um müd von der Jagd hier zu
fchlummern?

FLORA

PALEMON.

Wie lieblich glänzet das Morgenroth durch die
Hafelstaude und die wilden Rosen am Fenster!
Wie froh singet die Schwalbe auf dem Balken.
unter meinem Dach! und die kleine Lerche in
der hohen Luft! Alles ist munter; und jede Pflanze
hat sich im Thau verjüngt; auch ich; auch ich
scheine verjüngt; mein Stab soll mich Greisen vor
die Schwelle meiner Hütte führen; da will ich
mich der kommenden Sonne gegenüber setzen;
und über die grünen Wiesen hinsehn.   O wie
schön ist alles um mich her! Alles was ich höre
sind Stimmen der Freude und des Danks.   Die
Vögel in der Luft und der Hirt auf dem Felde singen ihr Entzüken; auch die Herden brüllen ihre
Freude von den grasreichen Hügeln und aus dem
durchwässerten Thal.   O wie lang; wie lang;
ihr Götter! soll ich noch eurer Gütigkeit Zeuge

feyn? Neunzig male hab ich izt den Wechfel der
Jahrszeiten gefehn, und wann ich zurük denke;
von izt bis zur Stunde meiner Geburt; eine weite
liebliche Ausficht; die fich am Ende, weit unüber-
fehbar in reiner Luft verliert; o wie wallet dann
mein Herz auf! Ift das Entzüken, das meine Zunge
nicht ftammeln kann, find meine Freuden-Thra-
nen; ihr Götter! nicht ein zu fchwacher Dank?
Ach flieffet ihr Thränen; flieffet die Wangen herunter! wenn ich zurük fehe; dann ifts; als hätt
ich nur einen langen Frühling gelebt; und meine
trüben Stunden waren kurze Gewitter, fie erfri-
fchen die Felder und beleben die Pflanzen. Nie
haben fchädliche Seuchen unfre Herden gemindert,
nie hat ein Unfall unfre Bäume verderbt, und bey
diefer Hütte hat nie ein langwierig Unglük ge-
ruhet. Entzükt fah ich in die Zukunft hinaus;
wenn meine Kinder lächelnd auf meinem Arm
fpielten, oder wenn meine Hand des plappernden
Kindes wankenden Fufstritt leitete; Mit Freuden-

Thränen fah ich in die Zukunft hinaus, wenn ich die jungen Sproſſen aufkeimen fah; ich will fie vor Unfall fchüzen, ich will ihres Wachsthums warten, fprach ich, die Götter werden die Bemühung fegnen ; fie werden empor, wachfen, und herrliche Früchte tragen, und Bäume werden, die mein fchwaches Alter in erquikenden Schatten nehmen. So fprach ich, und drükte fie an meine Bruſt, und izt find fie voll Segen empor gewachfen, und nehmen mein graues Alter in erquikenden Schatten; fo wuchfen die Aepfel-Bäume, und die Birnen-Bäume, und die hohen Nufs-Bäume, die ich als Jüngling um die Hütte her gepflanzet habe, hoch empor; fie tragen die alten Aeſte weit herum, und nehmen die kleine Wohnung in erquikenden Schatten. Difs, difs war mein heftigfter Gram, o Mirta! da du an meiner bebenden Bruft, in meinen Armen ſtarbeſt. Zwölf male hat izt fchon der Frühling dein Grab mit Blumen gefchmükt; aber der Tag nahet, ein froher

Tag!

Tag ! da meine Gebeine zu den deinen werden
hingelegt werden ; vielleicht führt ihn die kommende Nacht herbey ! O ! ich seh es mit Luft, wie
mein grauer Bart schneeweiß über meine Bruft
herunter wallet ; Ja spiele mit dem weißen Haar
auf meiner Bruft, du kleiner Zephir, der du mich
umhülpfeft, er ift es fo werth, als das goldene Haar
des frohen Jünglings und die braunen Loken am
Nuken des aufblühenden Mädchens. O diefer
Tag foll mir ein Tag der Freude feyn ! ich will
meine Kinder um mich her fammeln, bis auf den
kleinen ftammelnden Enkel, und will den Göttern
opfern; hier vor meiner Hütte fey der Altar; ich
will mein kahles Haupt umkränzen, und mein
fchwacher Arm foll die Leyer nehmen, und dann
wollen wir, ich und meine Kinder, um den Altar her Loblieder fingen ; dann will ich Blumen
über meine Tafel ftreuen, und unter frohen Ge-
fprächen das Opferfleifch effen. So fprach Palemon und hub fich zitternd an feinem Stab auf,

E

und rief die Kinder zufammen, und hielt den Göttern ein frohes Feft.

Der ftille Abend kam, und Palemon fprach, voll heiliger Ahndung : Lafst uns hinausgehen, Kinder, zu dem Grabe der Mirtha, da lafst uns Wein und Honig hingieffen, und das Feft mit Gefängen enden. Und fie giengen hinaus auf das Grab; umarmet mich, Kinder, fprach der Greis, voll heiligen Enrzükens, und er ward aus ihren umfchlingenden Armen zur Cypreffe verwandelt, die izt das Grab befchattet.

Der ftille Mond war Zeuge der Gefchichte, und hielt ftille in feinem Lauf, und wer in dem Schatten des Baumes ruhet, dem bebt ein heiliges Entzüken durch die Bruft, und eine fromme Thräne fällt ihm vom Auge.

MIRTIL. THYRSIS.

Mirtil hatte fich in einer kühlen nächtlichen
Stunde auf einen weitumfehenden Hügel begeben ; gefammelte dürre Reifer brannten vor ihm
in hellen Flammen indefs dafs er einfam ins Gras
gestreket mit irrenden Bliken den Himmel, mit
Sternen befäen, und die vom Mond beleuchtete
Gegend durchlief. Aber fchüchtern fah er fich
izt um, denn es raufchte etwas im Dunkeln daher. Es war Thyrfis ; Sey mir willkommen,
fprach er; feze dich zum wärmenden Feuer, wie
kömmft du hieher, izt da die ganze Gegend
fchlummert ?

Thyrfis. Sey mir gegrüfst, hätt' ich dich zu
finden geglaubt, ich hätte nicht fo lange gezaudert
den lodernden Flammen zu folgen, die im Dunkeln fo fchön ins Thal glänzen. Aber höre Mirtil; izt, da des Mondes düftrer Schimmer und die

einfame Nacht zu ernften Gefängen uns loket,
höre Mirtil, ich fchenke dir eine fchöne Lampe,
die mein künftlicher Vater aus Erde gebildet
hat, eine Schlange mit Flügeln und Füßen, die
den Mund weit aufiperrt, aus dem das kleine
Licht brennt, den Schweif ringelt fie empor bequem zur Handhabe ; difs fchenk ich dir, wenn
du mir die Gefchichte des Daphnis und der Chlüe
fingeft.

Mirtil. Ich will dir die Gefchichte des Daphnis und der Chloe fingen, izt da die Nacht zu
ernften Gefängen lokt. Hier find dürre Reifer,
fieh du indefs, dafs das wärmende Feuer nicht
erlöfchet.

Klaget mir nach, ihr Felfenklüfte, traurig töne
mein Lied zurük, durch den Hain und vom Ufer!

Sanft glänzte der Mond, als Chloe am einfa-
men Ufer ftund, fehnlich wartend, denn ein
Nachen follte den Daphnis über den Flufs bringen.
Lange fäumt mein Geliebter, fo fprach fie ; die

Nachtigal fchwieg und horchte die zärtlichen Accente. Lange fäumt er; doch - - horche - - ich höre ein plätfchern, wie wenn Wellen wider einen Nachen fchlagen. Kömmft du? Ja! - - doch nein; wollt ihr mich noch oft betriegen ihr plätfchernden Wellen ? O! fpottet nicht des ungeduldigen Wartens des zärtlichften Mädchens! Wo bift du izt Geliebter? beflügelt Ungeduld nicht deine Füffe ? wandelft du izt im Hain dem Ufer zu ? O dafs kein Dorn die eilenden Füffe verletze, und keine fchleichende Schlange deine Ferfen! Du keufche Göttinn, Luna, oder Diana, mit dem nie - fehlenden Bogen, ftreue von deinem fanften Glanz auf feinen Weg hin! O wenn du aus dem Nachen fteigeft, wie will ich dich umarmen! - - Aber izt, gewifs izt, izt triegt ihr mich doch nicht ihr Wellen! o fchlaget fanft den Nachen! traget ihn forgfältig auf euerm Rüken! O ihr Nymphen, wenn ihr je geliebt habet, wenn ihr je wifst was zärtliche Erwartung ift - - ich feh

ihn, fey mir gegrüßt! - - Du antworteft nicht?
Götter! - - Izt fank Chloe ohnmächtig am Ufer
hin.

Klaget mir nach, ihr Felfenklüfte, traurig töne
mein Lied zurük, durch den Hain und vom Ufer!

Ein umgeftürzter Nachen fchwamm daher, der
Mond befchien die klägliche Gefchichte. Am
Ufer lag Chloe ohnmächtig, und eine fchauernde
Stille herrfchete umher, aber fie erwachte wieder, ein fchrökliches Erwachen! Sie faſs am Ufer,
bebend und fprachlos, und der Mond verbarg fich
hinter den Wolken; ihre Bruft bebte von fchlüch-
zen und feufzen, izt fchrie fie laut, und die Echo
wiederholte der trauernden Gegend ihr Gefchrey,
und ein banges Winfeln raufchte durch den Hain
und durch die Gebüfche; fie fchlug die ringenden
Hände auf die Bruft, und rifs die Loken vom
Haupt; ach Daphnis! Daphnis! o ihr treulofen
Wellen! ihr Nymphen! ach! ich Elende! ich
zaudre, ich faume, den Tod in den Wellen zu

fuchen, die die Freude meines Lebens geraubt haben! So rief fie, und fprang vom Ufer in den Flufs.

Klaget mir nach, ihr Felfenklüfte, traurig töne mein Lied zurük, durch den Hain und vom Ufer!

Aber die Nymphen hatten den Wellen befohlen, forgfältig fie auf dem Rüken zu tragen. Graufame Nymphen! rief fie, ach! zögert nicht meinen Tod! ach, verfchlinget mich Wellen! aber die Wellen verfchlangen fie nicht, fie trugen fie fanft auf dem Rüken, zum Ufer eines kleinen Eylandes. Daphnis hatte mit Schwimmen fich ans Eyland gerettet; wie zärtlich fie ihm in die Arme fank und ihr Entzüken, o das kann ich nicht fingen! zärtlicher als wenn die Nachtigall ihrem Gefängnifs entfliegt; ihr Gatte hatte Nächte durch im Wipfel kläglich gefeufzet, fie fliegt izt entzükt dem fchauernden Gatten zu, fie feufzen und fchnäbeln und umfchlagen fich mit ihren Flügeln, aber izt tönt ihr Entzüken in Freuden - Liedern die ftille Nacht durch.

E 4

Klaget izt nicht mehr, ihr Felfenklüfte, Freude töne izt vom Hain zurük und vom Ufer. Und
du gieb mir die Lampe, denn ich habe dir die
Gefchichte des Daphnis und der Chloe gefungen.

CHLOE,

Ihr freundlichen Nymphen, die ihr in diefem
ftillen Felfen wohnet, ihr habt dichtes Gefträuch
vor die kühle Oefnung hingepflanzt, dafs ftille
Ruhe und fanfter Schatten euch erquike; die ihr
diefe klare Quelle aus euern Urnen gieffet, wenn
ihr nicht izt im dichten Hain mit den Waldgöt-
tern euch freut, oder auf dem nahen Hügel, oder
wenn ihr auf euern Urnen fchlummert, o dann
ftöhre meine Stimme nicht eure Ruhe! Aber höret meine Klagen, freundliche Nymphen, wenn
ihr wachet! Ich liebe -.- ach! - - ich liebe
den Lycas mit dem gelben Haar! habt ihr den
jungen Hirten nicht gefehn, wenn er feine gefle-
keten Kühe und die hüpfenden Kälber hier vorüber treibt, und hinter ihnen hergehend auf feiner
Flöte dem Wiederhall ruft? habt ihr feine blauen
Augen, fein fanftes Lächeln nicht gefehn! oder

habt ihr ſeinen Geſang gehört, wenn er vom
frohen Frühling ſingt, oder von der frohen Erndte,
oder vom bunten Herbſt, oder von der Pflege der
Herde? Ach! ich ſiebe den ſchönſten Hirten,
und er weiſs es nicht, daſs ich ihn liebe. O wie
lang wareſt du, herber unfreundlicher Winter!
der du von den Fluren uns ſcheucheſt, wie lang
iſts, ſeit ich im Herbſt ihn das lezte mal ſah!
Ach! da lag er ſchlummernd im Buſch, wie ſchön
lag er da! wie ſpielten die Winde mit ſeinen Loken! und der Sonnenſchein ſtreute ſchwebende
Schatten der Blätter auf ihn hin: O ich ſeh ihn
noch, ſie hüpften auf ſeinem ſchönen Geſicht
umher, die Schatten der Blätter, und er lächelte
wie im froheſten Traum. Schnell ſammelt' ich
da Blumen, und wand ſanft einen Kranz um des
ſchlafenden Haar und um ſeine Flöte, und da
trat ich zurük; ich will izt warten, ſprach ich,
bis er aufwachet; wie wird er lächeln, wie
wird er ſich wundern, wenn er ſein Haupt um-

kränzt fieht, und feine Flöte; hier will ichs erwarten, er mufs mich wohl fehen, wenn ich hier
ffeho, und wenn er mich nicht fteht - - dann
will ich laut lachen. So fprach ich, und ftund
im nahen Bufch, als meine Gefpielen mich riefen;
O wie war ich böfe, ich mufst' izt gehen, und
konnte fein Lächeln nicht und feine Freude nicht
fehen, als er fein Haar und feine Flöte bekränzet
fah. Wie froh bin ich! izt kömmt der Frühling
zurük, izt werd ich ihn wieder auf den Fluren
fehn! ihr Nymphen! hier will ich Kränze an die
Aefte der Gebüfche hängen, die eure Höhle befchatten, es find die erften Blumen, frühe-Violen,
und May-Blumen, und gelbe Schlüffel-Blumen,
und röthichte Mafslieben, und die erften Blü-
ten; Seyd meiner Liebe gewogen; und wenn
der Hirt an diefer Quelle fchlummert, dann fagt
ihm im Traum, dafs es Chloe ift, die feine Flöte
und fein Haar bekränzt hat, dafs es Chloe ift die
ihn liebt.

So ſprach Chloe, und umhieng die noch unbelaubten Gebüſche mit den erſten Blumen, und
ein ſanftes Geräuſch drang aus der Höhle, wie
wenn die Echo den fernern Geſang einer Flöte
nachſingt.

MENALKAS und ÆSCHINES,
DER JÄGER.

Der junge Hirt Menalkas weißete auf dem
hohen Gebirge, und er gieng tief ins Gebirg, im
wilden Hain ein Schaf zu fuchen, und im wilden
Hain fand er einen Mann, der abgemattet im
Busch lag; Ach junger Hirt! so rief der Mann,
ich kam gestern auf difs wilde Gebirge die Rehe
und die wilden Schweine zu verfolgen, und ich
habe mich verirret, und bis izt, keine Hütte und
keine Quelle für meinen Durst, und keine Speife
für meinen Hunger gefunden. Der junge Menalkas gab ihm izt Brod aus feiner Tafche, und frifchen Käs, und nahm feine Flafche von der Seite;
erfrifche dich, so sprach er, hier ift frifche Milch,
und dann folge mir, dafs ich dich aus dem Gebirge führe; und der Mann erfrifchete fich und
der Hirt führte ihn aus dem Gebirge.

Aeschines, der Jäger, sprach izt: Du schöner
Hirt, du haft mein Leben gerettet, wie soll ich
dich belohnen, komm mit mir in die Stadt, dort
wohnet man nicht in ftrohernen Hütten ; Palläfte
von Marmor fteigen dort hoch an die Wolken,
und hohe Säulen ftehen um fie her, du follft bey
mir wohnen, und aus Gold trinken, und die köftlichen Speifen aus filbernen Platten effen.

Menalkas fprach: Was foll ich in der Stadt?
Ich wohne ficher in meiner niedern Hütte, fie
fchüzt mich vor Regen und rauhen Winden, und
ftehen nicht Säulen umher, fo ftehen doch fruchtbare Bäume und Reben umher, dann hol ich aus
der nahen Quelle klares Waffer im irdenen Krug,
auch hab ich füffen Moft, und dann efs ich, was
mir die Bäume und meine Herde geben, und hab
ich nicht Silber und Gold, fo ftreu ich wohlrie-
chende Blumen auf den Tifch.

Aeschines. Komm mit mir Hirt, dort hat man
auch Bäume und Blumen, dort hat fie die Kunft

in gerade Gänge gepflanzet, und in fchön geord-
nete Beeten gefammelt; dort hat man auch Quellen, Männer und Nymphen von Marmor gieffen
fie in groffe marmorne Beken.

Menalkas. Schöner ift der ungekünftelte fchat-
tichte Hain mit feinen gekrümmeten Gängen, fchöner find die Wiefen mit taufendfältigen Blumen
gefchmükt; ich hab auch Blumen um die Hütte
gepflanzet, Majoran und Lilien und Rofen; und
o wie fchön find die Quellen, wenn fie aus Klip-
pen fprudeln, oder aus dem Gebüfche von Hügeln fallen, und dann durch blumichte Wiefen
fich fchlängeln! Nein, ich geh nicht in die
Stadt.

Aefchines. Dort wirft du Mädchens fehen im
feidenen Gewand, von der Sonne unbefchädigt,
weifs wie Milch, mit Gold und köftlichen Perlen
gefchmükt, und die fchönen Gefänge künftlicher
Saitenfpieler entziken dein Ohr.

Menalkas. Mein braunes Mädchen ift fchön,

du folltest fie fehen, wenn fie mit frifchen Rofen
und einem bunten Kranz fich fchmükt; und o wie
froh find wir, wenn wir bey einer raufchenden
Quelle im fchattichten Bufch fizen! fie fingt dänn,
o wie fchön fingt fie! und ich begleite ihren Gefang mit der Flöte; unfer Gefang tönt dann weit
umher, und die Echo finget uns nach; oder wir
behorchen den fchönen Gefang der Vögel, die von
den Wipfeln der Bäume und aus den Gebüfchen
fingen. Oder fingen eure Saitenfpieler beffer als
die Nachtigal oder die liebliche Grasmüke? Nein,
nein ich geh nicht mit dir in die Stadt.

Aefchines. Was foll ich dir denn geben, Hirt?
Hier nimm die Hand voll Gold, und difs goldne
Hüfthorn.

Menalkas. Was foll mir das Gold? ich habe
Ueberflufs; foll ich mit dem Golde die Früchte
von den Bäumen erkaufen, oder die Blumen von
den Wiefen, oder foll ich von meiner Herde die
Milch erkaufen?

                              Aefchines.

Aefchines. Was foll ich dir denn geben, glük-licher . Hirt, womit foll ich deine Guthat be-lohnen?

Menalk. Gieb mir die Kürbis - Flafche, die an deiner Seite hängt, mir deucht, der junge Bacchus ift darauf gegraben, und die Liebes - Götter, wie fie Trauben in Körben fammeln. Und der Jäger gab ihm freundlich lächelnd die Flafche, und der junge Hirt hüpfte vor Freuden, wie ein junges Lamm hüpft.

F

PHILLIS. . CHLOE.

Phillis.

Du Chloe, immer trägst du dein Körbchen am
Arm.

Chloe. Ja Phillis, ja! immer trag ich das
Körbchen am Arm, ich würd es nicht um eine
ganze Herde geben ; nein ich würd' es nicht
geben, sprach sie, und drükt' es lächelnd an
ihre Seite.

Phillis. Warum Chloe, warum hältst du dein
Körbchen so werth? soll ich rathen? Sieh, du
wirst roth, soll ich rathen? - -

Chloe. Hu! - - roth?

Phillis. Ja? wie wenn einem das Abendroth
ins Angesicht scheint.

Chloe. Hu! Phillis - - ich will dirs sagen;
der junge Amyntas hat mirs geschenkt, der schönste Hirt; er hat es selbst geflochten. Ach! sieh
wie nett, sieh wie schön die grünen Blätter und

die rothen Blumen in das weiffe Körbchen geflochten find, und ich halt es werth, wo ich
hingehe, da trag ichs am Arm; die Blumen dün-
ken mich fchöner, fie riechen lieblicher, die ich
in meinem Körbchen trage, und die Früchte find
füffer, die ich aus dem Körbchen effe. Phillis - -
doch was foll ich alles fagen? - - Ich - - ich habe
fchon oft geküfst. Er ift doch der befte, der
fchönfte Hirt.

Phillis, Ich hab es ihn flechten gefehn; wüfs-
teft du was er da zu dem Körbchen fprach! Aber
Alexis, mein Hirt, ift eben fo fchön, du folltest
ihn fingen hören! Ich will das Liedchen dir fingen,
das er geftern mir fang.

Chloe. Aber, Phillis! Was hat Amyntas zum
Körbchen gefagt?

Phillis. Ja, ich mufs erft das Liedchen fingen.

Chloe. Ach! - - ift es lang?

Phillis. Höre nur! "Froh bin ich, wenn das
Abendroth, am Hügel mich befcheint. Doch Phil-

lis, froher bin ich noch, wenn ich dich lächeln

feh. So froh geht nicht der Schnitter heim, wenn

er die lezte Garb' in feine volle Scheune trägt, als

ich, wenn ich von dir geküfst, in meine Hütte

geh. So hat er gefungen.

Chloe. Ein fchönes Lied! Aber Phillis, was

fprach Amyntas zum Körbchen?

Phillis. Ich mufs lachen. Er fafs am Sumpf

im Weidenbufch, und indefs dafs feine Finger die

grünen und die braunen und die weiffen Ruthen

flochten, indefs - - -

Chloe. Nu denn, warum fchweigft du?

Indefs, fuhr Phillis bebend fort, indefs, fprach

er, du Körbchen, dich will ich Chloen fchen-

ken, der fchönen Chloe, die fo lieblich lächelt;

Da fie geftern die Herde bey mir vorbey trieb,

fey mir gegrüfst, Amyntas, fprach fie, und lä-

chelte fo freundlich, fo freundlich, dafs mir das

Herz pochte. Schmiegt euch gehorfam, ihr bun-

ten Ruthen, und zerbrechet nicht unter dem flech-

ten; Ihr follt dann an der liebften Chloe Seite
hangen. Ja! wenn fie es werth hält, o wenn fie
es werth hielte! wenn fie es oft an ihrer Seite
trüge! So fprach er, und indefs war das Körbchen
gemacht, und da fprang er auf, und hüpfte, dafs
es ihm fo wohl gelungen war.

Chloe. Ach! ich geh; dort hinter jenen Hügel treibt er feine Herde, ich will bey ihm vorbey gehn, fieh, will ich fagen, fieh Amyntas, ich
habe dein Körbchen am Arm.

TITYRUS. MENALKAS.

Auf einem Hügel lag der Greis Menalkas, am mildern Sonnenstral, und sah durch die herbstliche Gegend hin, sanft staunend, als Tityrus, sein jüngster Sohn, unbemerkt schon lang an seiner Seite stund; voll sanften Entzükens seufzte der Greis, und der Sohn sah lang mit stiller Freude auf den Vater herunter. Vater, sprach er izt mit sanften Worten: Wie süß muß dein Entzüken seyn! Lange schon seh ichs, wie dein Blik die herbstliche Gegend durchwandelt, und höre dein Seufzen; Vater, gewähre mir izt eine Bitte.

Menalkas. Sage deine Bitte, mein Lieber! und seze dich an meine Seite, daß ich die Stirne dir küsse, und Tityrus sezte sich an seine Seite, und der Greis küßte zärtlich des Sohnes Stirne. Vater, so fuhr der Jüngling fort, mir erzählte mein ältester Bruder; denn oft, wenn wir im Schatten bey der Herde fizen, dann reden wir von dir, und dann flieſſen uns Thränen von den Augen, Freuden - Thränen. Er hat mir erzählt, dich habe vor dem die Gegend den beſten Sänger ge- nannt, und manche Ziege habeſt du im Wett- Geſang gewonnen. O wollteſt du es verſuchen, mir izt ein Lied zu ſingen, izt da die herbſtliche Gegend dich entzükt; Gewähre mir Vater, ge- währe mir dieſe Bitte.

Sanft lächelnd ſprach izt Menalkas, ich will es verſuchen, ob mich die Muſen noch lieben, die ſo oft den Preis mir erſingen halfen, ich will ein Lied dir ſingen.

Izt durchlief ſein Blik noch einmal die Gegend, und izt hub er an.

Höret mich, Muſen, höret mein heiſcheres Ru- fen; im Frühling meiner Tage habt ihr an rau- ſchenden Bächen und in ſtillen Hainen nie uner- hört mich gelaſſen; Laſst mir diſs Lied gelingen, mir grauen Greiſen!

Was für ein fanftes Entzüken fliefst aus dir izt
mir zu, herbftliche Gegend ? Wie fchmükt fich
das fterbende Jahr! Gelb ftehn die Sarbachen
und die Weiden um die Teiche her, gelb ftehn
die Aepfel - und die Birnen - Bäume, auf bunten
Hügeln und auf der grünen Flur, vom feurigen
Roth des Kirfchbaums durchmifchet. Der herbftliche Hain ift bunt, wie im Frühling die Wiefe,
wenn fie voll Blumen ftehc ; Ein röthliches Ge-
mifche zieht von dem Berg fich ins Thal, von immer grünen Tannen und Ejchten geflekt. Schon
raufchet gefunkendes Laub unter des Wandelnden
Füffen, ernfthaft irren die Herden, auf welkem
Blumen-lofem Gras; nur fteht die röthliche Zeit-
lofe da, der einfame Bote des Winters. Izt
kommt die Ruhe des Winters, ihr Bäume, die
ihr uns mild eure reifen Früchte gegeben, und
kühlenden Schatten, dem Hirt und der Herde.
O! fo gehe keiner zur Ruhe des Grabes, er habe
denn füffe Früchte getragen, und erquikender

Schatten über den Nothleidenden geftreut. Denn,
Sohn, der Segen ruhet bey der Hütte des Redlichen und bey feiner Scheune. O Sohn! wer
redlich ift, und auf die Götter traut, der wandelt
nicht auf triegendem Sumpf. Wenn der Redliche opfert, dann fteigt der Opfer-Rauch hoch
zum Olymp, und die Götter hören fegnend feinen
Dank und fein Flehen. Ihm fingt die Eule nicht
banges Unglük, und die traurig krächzende Nacht-
Rabe; er wohnet ficher und ruhig unter feinem
friedlichen Dach, die freundlichen Haus-Götter
fehen des Redlichen Gefchäfte, und hören feine
freundlichen Reden und fegnen ihn. Zwar kommen trübe Tag' im Frühling, zwar kommen don-
nernde Wolken im Segen-vollen Sommer; Aber,
Sohn, murre nicht, wenn Zevs unter deine Hand
voll Tage auch trübe Stunden mifchet! Vergifs
nicht meine Lehren, Sohn, ich gehe vor dir her
zum Grabe. Schonet ihr Sturmwinde, fchonet
des herbftlichen Schmukes, lafst fanftere Winde

fpielend das fterbende Laub langfam den Bäumen rauben, fo kann mich die bunte Gegend noch oft ent/üken ; vielleicht, wenn du wieder kömmft, fchöner Heibft, vielleicht feh ich dich dann nicht mehr; welchem Baum entfinkt dann das fterbende Laub auf mein ruhiges Grab!

So fang der Greis, und Tityrus drükte weinend des Vaters Hand an feine Wangen.

DIE ERFINDUNG

DES SAITENSPIELS, UND DES GESANGES.

In der erften Jngend der Tage, da die wenigen
Bedürfniffe der Unfchuld und die Natur unter den
noch unverdorbenen Menfchen die jungen Künfte
erzeugten, da lebt ein Mädchen : In denfelben
Tagen war keines fo fchön, keines war fo zärtlich
gebildet, die Schönheiten der Natur zu empfin-
den ; Freuden-Thränen begrüßten das Morgenroth und die fchöne Gegend, und Entziiken das
Abendroth und den Schimmer des Monds. Damals war der Gefang noch ein Regel-lofes Jauch-
zen der Freude. So bald der frühe Hahn von der
Hütte rief, dafs der Morgen da fey ; denn da hatten fie fich zur Freude fchon gefellige Thiere mit
Speife vor die Hütte gewöhnet ; dann gieng fie
unter ihrem fchüzenden Dach hervor, ein Dach

von Schilf und Tann-Aeſten, an den Stämmen
nahe ſtehender Bäume befeſtigt; da wohnte ſie im
Schatten, und über ihr, in den dicht-belaubten
Aeſten, die ſingenden Vögel. Sie gieng dann hinaus, die Gegend zu ſehen, wie ſie im Thau glänzt,
und den Geſang der Vögel im nahen Hain, zu behorchen. Entzükt ſaſs ſie dann da und horchte,
und ſuchte ihren Geſang nachzulallen. Harmoni-
ſchere Töne floſſen izt von ihren Lippen, harmo-
niſcher, als noch kein Mädchen geſungen hatte;
was ihre liebliche Stimme von eines jeden Geſang nachahmen konnte, ordnete ſie verſchieden
zuſammen. Ihr kleinen frohen Sänger, ſo ſprach
ſie mit ſingenden Worten, wie lieblich tönt euer
Lied, von hoher Bäume Wipfeln und aus dem
niedern Strauch! Könnt ich dem glänzenden Morgen ſo lieblich wechſelnde Tön'-entgegen ſingen!
O lehrt mich die wechſelnden Töne, dann ſing'
ich mein ſanftes Entzüken, mit euch, dem frühen
Sonnen-Stral. So ſange ſie, und unvermerkt

schmiegten ihre Worte ſich harmoniſch in ſüſstö-
nendem Maaſs nach ihrem Gefang; voll Entzüken
bemerkte ſie die neue Harmonie gemeſſener Worte. Wie glänzt der Gefang-volle Hain; ſo fuhr
ſie erſtaunt fort, wie glänzt die Gegend umher
im Thau! Wo biſt du, der diſs alles ſchuf? Wie
bin ich entzükt! izt kann ich mit lieblichern Tö-
nen dich loben, als meine Gefpielen. So fang ſie,
und die Gegend behorchte entzükt die neue Harmonie, und die Vögel des Haines ſchwiegen und
horchten.

Alle Morgen gieng ſie izt, die neue Kunſt zu
üben, in den Hain ; aber ein Jüngling hatte ſie
lange ſchon in dem Hain behorcht; entzükt ſtund
er dann im dekenden Buſch und feufzte und gieng
tiefer in den Hain und ſucht' ihr Lied nachzuah-
men. Einsmals faſs er ſtaunend unter ſeinem Schilf-
dach, auf feinen Bogen gelehnt, denn er hatte die
Kunſt den Bogen zu führen erfunden, um die
Raubvögel zu tödten, die ſeine Tauben ihm raub-

ten, denen er auf dem nahen Stamm ein Haus
von schlanken Weiden - Aeſten geflochten hatte.
Was iſt das, ſo ſprach er, das aus meinem Buſen
herauf ſéufzt, das ſo bang in meinem Herzen ſizt?
Zwar wechſelt es ab, mit Entzüken und mit Freuden - Thränen, wenn ich das Mädchen im Hain
ſehe, und ſeinen Geſang höre, aber wenn ſie weg
iſt, o dann, dann ſizt Schwermuth in meinem Buſen ! Ach! was iſt es, das aus meinem Buſen
herauf ſeuft ? Indeſs ſpielte ſeine Hand mit der
angeſpannten Saite des Bogens, und ein lieblicher
Ton gieng von der Saite, und der Jüngling horchte und wiederholt' erſtaunt den Ton. Dann
ſtaunt' er, und dachte eine neue Erfindung zu entwikeln tief nach, und dann ſpielt' er wieder mit
der angeſpannten Saite des Bogens, von den Ge-
därmen der Raubvögel geflochten. Aber izt ſprang
er auf, und fieng an Stäbe zu ſchneiden, zween
lange Stäbe und zween kürzere, und die zween
kürzern befeſtigt' er unten und oben gegen die

zween längern Stäbe, und fpannte zwifchen den
zween längern, Saiten an die kürzern feft; izt
hub feine Hand an zu fpielen, und da bemerkt' er
die liebliche Verfchiedenhelt der Töne, der fchwä-
chern und ftärkern Saiten, dann band er fie wieder los und ordnete verfchiednere Saiten, in eine
harmonifchere Reihe, und izt hub er an zu fpielen
und voll Freude zu hüpfen.

Izt gieng der jüngling, fo oft der Morgen kam,
die neue Kunft zu üben in den dichten Hain, und
fuchte zu den Liedern, die er von dem Mädchen
im Hain gehorchet hatte, harmonifch begleitende
Töne auf feinen Soiten. Aber man fagt, er habe
lang umfonft gefucht, und viele Töne haben den
Gefang nicht begleiten wollen, aber ein Gott fey
im Hain ihm erfchienen, und habe die Saiten der
Leyer harmonifch geordnet und feine Lieder ihm
vorgefpielt. Bey jedem Morgenroth fucht' er izt
das Mädchen im Hain, und lernte neue Lieder und
gieng dann an die Quelle zurük, auf feiner Leyer
fie nachzufpielen.

An einem ſchönen Morgen ſaſs das Mädchen im
Hain, mit Blumen bekränzt ſaſs es da und ſang:
Sey gegrüſst liebliche Sonne hinter dem Berg hervor, ſchon beglänzen deine Stralen der Bäume
Wipfel auf den hohen Hügeln, und der frohen
Lerche hoch ſchwebendes Gefieder. Dir ſingen
die Vögel des Hains entgegen, und - - Izt
ſchwieg ſie, und ſah aufmerkſam umher, welche
liebliche Stimme miſchet ſich in meinen Geſang?
So rief ſie erſtaunt, ſie begleitet jeden Ton meines Geſanges! Wo biſt du? - - Warum ſchwei-
geſt du Lied? Singe, liebliche Stimme! Biſt du
ein gefiederter Bewohner dieſes Hains, o ſo
ſchwinge die Flügel hicher auf dieſen Fichten-
baum, daſs ich dich ſehe und deinen Geſang
höre! ſo ſprach ſie, und ſah weit in den Wipfeln
umher; Biſt du ſchüchtern weggeflogen? Oder - -
dieſe Stimme hab ich noch nie im Hain gehört,
wenn ich mich betrogen hätte? Mich täuſcht
doch kein Traum? Ich will noch ein Lied ſingen.

Seyd

Seyd willkommen, liebliche Blümchen umher;
geſtern waret ihr Knoſpen, izt ſtehet ihr offen da;
euch grüſſen die lieblichen Morgenlüfte, und die
ſumſenden Bienchen, und der bunte Schmetterling, er flattert froh um euch her, und trinket
euern Thau. So ſang ſie, oft unterbrochen, rund
umherſpähend, denn die Stimme hatte den Geſang wieder begleitet.

Izt ſtund ſie ſchüchtern auf; nein, ich habe
mich nicht betrogen, jeden Ton hat die Stimme
begleitet. So ſprach ſie, als der jüngling aus
dem Gebüſche hervor trat, mit Blumen bekränzt,
die Leyer unter dem Arm. Lächelnd nahm er des
ſchüchternen Mädchens Hand; O du ſchönes Mädchen! ſprach ſein ſanftlächelnder Mund mit lieblicher Stimme; kein beflügelter Bewohner des
Hains hat deinen Geſang nachgeſungen; Ich war
es, der deinen Geſang mit dieſen Saiten begleitete.
Alle Morgen gieng ich in den Hain, deinen Geſang zu hören, und dann gieng ich einſam tief iu

G

den Hain, die Lieder auf den Saiten zu fingen,
und glaube Mädchen, mich hats ein Gott im Hain
gelehrt. Der flüchtige Blik des Mädchens ftreifte
oft fchüchtern über den Jüngling hin und ruhete
dann auf den Saiten. O fchönes Mädchen! fuhr
der Jüngling fort, indem fein Auge fchmachtend
fie anblikte, wie war ich entzükt, wenn du mir
vergönnteft, mit dir in den Hain zu gehen, an
deiner Seite fizend, deinem Gefang mit diefen Saiten zu folgen! Izt fah das Mädchen auf; Jüngling, fo fprach es, froh bin ich, wenn dein Saitenfpiel meine Lieder begleitet; lieblicher wird
es feyn als der Wiederhall, und izt komm mit mir
unter mein fchattichtes Dach, denn die Mittags-
Sonne brennet fchon, ich will in meinem düfte-
ren Schatten füffe Früchte zum Mittagmahl dir
auftifchen, und frifche füffe Milch.

Izt gieng der Jüngling mit dem Mädchen unter
das Dach, und fie lehrten die Jünglinge und die
Mädchens den Gefang und das Saitenfpiel. Es lan-

ge hernach ward es von der Flöte begleitet, denn
Marfyas brachte die Flöte unter die Waldgötter,
die die Erfinderin Minerva im gerechten Zorn über
den Spott der Göttinnen in den Sand warf. *
Man pflanzte da zween Bäume auf einem hohen
Hügel, dem Mädchen und dem Jüngling, und die
fpaten Enkel erzählten den Kindern in ihrem Schatten die Erfindung des Saitenfpiels und des Gefanges.

* Minerva war die Erfinderin der Flöte. Einmal
blies fie felbige vor den Göttinnen, aber fie
lachten und fpotteten, dafs fie im Spielen den
Mund fo übel verzöge. Welche Schöne hätte
den Schimpf nicht empfunden ? Sie warf
zornig die Flöte weg.

DER FAUN.

Nein, für mich kein froher Tag! so rief der
Faun, als er beym Morgenroth aus seinem Felsen
taumelte. Seit mir die schönste Nymph' entfloh,
hass' ich den Schein der Sonne ; bis ich sie wieder finde, soll kein Epheu-Kranz um meine Hörner sich winden, soll keine Blume rings um meine Höhle stehn ; mein Fuss soll sie, noch ehe sie
blühen, zertreten, und meine Flöte soll - - und
diesen Krug soll er zertreten.

Izt zertrat sein Fuss, da kam ein andrer Faun,
er hub den schweren Schlauch von seiner Schulter; Du rasest du, rief er, und lachte; heut, an
dem frohen Tag, Lyeens Fest! Schnell wind' einen
Epheu-Kranz um deine Hörner, und komm zum
Fest, dem besten Tag im Jahr!

Nein für mich kein froher Tag, so sprach der
Faun, ich schwöre! bis ich sie finde, soll kein

Epheu-Kranz um meine Hörner fich winden.
O! fchwarze Stunde, da mir die Nymph entfloh! fie floh bis an den Flufs, der ihren Lauf
izt hemmte; unentfchloffen ftund fie da, ich bebte
fchon vor Freude, fchon glaubt' ich das fträuben-
de Mädchen mit ftarken Armen zu umfaffen, als
die Tritonen, o die verfluchten Räuber! fich aus
dem Flufs erhoben, und die Nymph um ihre Hüften fafsten, und dann, in die Hörner blafend,
fchnell mit ihr an das andre Ufer fchwammen.
Ich fchwöre beym Styx! bis ich fie wieder finde,
foll kein Kranz von Epheu um meine Hörner fich
winden.

Und eine fpröde Nymphe macht dir, fo fagt der
andre Faun, o ich mufs lachen! und eine fpröde
Nymphe macht dir fo trübe Tage! Mir, Faun,
mir foll die Liebe nicht eine trübe Stunde machen, nein, keine trübe Stunde! verfagt mir diefe
den Kufs, dann hüpf ich zu der andern hin; ich
fchwör es dir, Faun! meine Lippen follen keine

Nymphe mehr küſſen, wenn mich eine nur eine
Stunde in ihren Armen behält, heut an dem frohen Feſt ; ich will ſie alle lieben, alle will ich
küſſen. Kränke dich nicht, Faun! du biſt noch
jung und ſchön ; ſchön iſt dein braunes Geſicht,
und wild dein groſſes ſchwarzes Aug, und dein
Haar kräuſet ſich ſchön um die krummen Hörner
her; ſie ſtehen aus den Loken empor, wie zwo
Eichen aus dem wildeſten Buſch. Laſs dich kränzen Faun, hier iſt das ſchönſte Schloſs, laſs dich
kränzen! Ich höre ſchon fernher ein wildes Geräu-
ſche von Tyrſus-Stäben und Klapper-Schaalen und
Flöten; büke dich her, das Geſchrey kommt ſchon
nahe; ſchon kommen ſie hinter dem Hügel hervor; laſs dich kränzen! Wie ſtolz die Tiger den
Wagen ziehn! o Lycus! ſieh die Faunen, die
Nymphen, wie ſie hüpfen! welch frohes Getöſe!
o Evan Evoe! - - du biſt bekränzt, ſchnell hebe
den Schlauch mir auf die Schulter; o Evan Evoe!

DER VESTE VORSAZ.

Wohin irret mein verwundeter Fuſs, durch Dornen und dicht verwebte Sträuche? Himmel, welch ſchauerndes Entzüken! Die rüthlichten Stämme der Fichten, und die ſchlanken Stämme der Eichen ſteigen aus wildem Gebüſche hervor, und tragen ein trauriges Gewölb über mir; Welche Dunkelheit, welche Schwermuth zittert ihr von ſchwarzen Aeſten auf mich! Hier will ich mich hinſezen, an den hohlen vermoderten Eichſtamm, den ein Nez von Epheu umwikelt; hier will ich mich hinſezen, wo kein menſchlicher Fuſstritt noch hingedrungen iſt, wo niemand mich findt, als ein einſamer Vogel, oder die ſumſenden Bienen, die im nahen Stamm ihr Honig ſammeln, oder ein Zephir, der in der Wildniſs erzogen, noch an keinem Buſen geſlattert hat. Oder du, ſprudelnder Bach, wohin rauſcheſt du, an den

unterhöhlten Wurzeln und durch das wilde Gewe-
be von Gefträuchen? Ich will deinen Wellen folgen, vielleicht führeft du mich üdern Gegenden
zu. Himmel! welche Ausficht breitet fich vor
meinem Aug'aus! hier fteh ich an dem Saum einet
Felfenwand und feh ins niedere Thal; hier will
ich mich auf das zerriffene überhangende Felfen-
Stük fezen, wo der Bach ftäubend in den dunkeln
Tannenwald herunter fich ftürzt, und raufchet, wie
wenn es fernher donnert. Dürres Gefträuch hängt
von dem Felfen - Stük traurig herunter, wie das
wilde Haar über die Menfchen - feindliche Stirne
des Timons hängt, der noch kein Mädchen geküfst hat. Ich will in das Thal hinunter fteigen,
und mit traurig irrendem Fufs neben den Wellen
des Fluffes wandeln, der durch das öde Thal
fchleicht. Sey mir gegrüfst, einfames Thal, und
du Flufs, und du fchwarzer Wald; hier auf deinem Sand, o Ufer, will ich izt irren; einfied-
lerifch will ich in deinem Schatten ruhen, me-

fancholifcher Wald.; Leb izt wohl Amor, dein
Pfeil wird mich hier nicht finden, ich will nicht
mehr lieben, und in einfamer Gegend weife feyn;
Lebe wohl, du braunes Mädchen, das mit
fchwarzen Augen mir die Liebe in mein bisher
unverwahretes Herze geblitzet hat; Lebe wohl,
noch geftern hüpfteft du froh im weiffen Sommer-
Kleid um mich her, wie die Wellen hier im Son-
nen-Licht hüpfen; und du blondes Mädchen lebe
wohl! dein fchmachtender Blik - - ach! zu fehr,
zu fehr haft du mein Herz bemeiftert, und dein
fchwellender Bufen - - ach! ich fürchte, ich werd
ihn hier oft ia einfamen traurigen Betrachtungen
fehen und feufzen! Lebe wohl, majeftätifche Me-
linde, mit dem ernften Geficht wie Pallas und mit
dem majeftätifchen Gang, und du kleine Chloe,
die du muthwillig nach meinen Lippen aufhüpfteft
und mich küfsteft; in diefe Gegenden will ich izt
fliehen, und in ernften Betrachtungen unter diefen
Fichten mich lagern, und die Liebe verlachen;

G 5

in melancholifchen Gängen von Laub will ich irren, und - - Aber - - Himmel! was entdeket
mein Aug am Ufer im Sand! ich zittre, ach - -
der Fufstritt eines Mädchens; - - wie klein, wie
nett ift der Fufs! - - ernfte Betrachtung! Melan-
cholie! ach wo feyd ihr? - - wie fchön war ihr
Gang! ich folg ihr - - Ach Mädchen, ich eile
ich folge deiner Spur! O! wenn ich dich fände,
in meinen Arm würd ich dich drüken, und dich
küffen! Flieh nicht mein Kind, will ich fagen,
oder flieh wie die Rofe flieht, wenn ein Zephir fæ
küfst, fie biegt fich vor ihm weg, und kömmt
lächelnder zu feinen Küffen zurük.

DER FRÜHLING.

Welche Symphonie, welch heilig Entzüken,
jagt mir den gaukelnden Morgen - Traum weg?
Ich feh! o himmlifche Freude, ich feh dich la-
chenden Jüngling, dich Lenzen! Aurora im Purpur - Gewand, führt dich im Often herauf; der
frohe Scherz, das laute Gelächter, und Amor,
fchon lächelt er hin nach den Büfchen und Flü-
reh, den künftigen Siegen entgegen, und fchwin-
get den fcharfgefpannten Bogen, und fchüttelt
den Köcher; auch die Gratien mit umfchlungenen
Armen begleiten dich, frölicher Lenz. Auf den
glänzenden Stralen der Morgen - Sonne kommt
ihr daher; die Vögel fchwärmen froh in dem
röthlichten Sonnen - Stral, euch mit Gefängen ein-
zuhohlen. Voll Ungeduld drängen fich die jungen
Rofen aus der Knofpe, jede will die erfte mit
offener Schoos und lieblichen Gerüchen dir ent-

gegen lachen. Die Zephirs verkündigen euch gau-
kelnd; fie hüpfen vom Hügel ins Thal, und fchwärmen durch Büfche und Wälder, und lachen fchalkhaft, wenn fie die Oerter vorbeyhüpfen, wo fie
dem liebenden Schäfer die horchende Spröde im
Bufch verrathen, oder fchalkhaft beym Reihen-
Tanz die hüpfenden Mädchen fchamroth gemacht.
Sie hüpfen zerftreut durch Gebüfche und Wälder,
und lifpeln den fchlafenden Nymphen und den
Fäunen in den Grotten eure Ankunft zu, fie fprin-
gen taumelnd hervor, die geifsfüffigten Satyren
und die Faunen, und rufen den frölichen Nymphen mit frohem Gefchrey, und mit der vielröh-
richten Pfeife. Die Nymphen der Bäche öfnen
ihre Krüge wieder, die fie im Winter verfchlof-
fen, und gieffen fprudelnde Bäche zwifchen Bäumen unter grünen Gewölben von Aeften hervor,
oder von bufchichten Hügeln herunter, in man-
chem raufchenden Fall; fie fchlängeln fich durch
Fluren, und fammeln fich in Büfchen und Hainen

zu glatten Seen, und umfaſſen da oft die zarten
Glieder badender Mädchen.

Komm Lénz, komm Stifter der Freude! Du
herrſcheteſt Lenz, als unſer wankendes Schiff, ihr
Brüder, die glatte See durchſchwamm; eine
Schaar ſilberner Wellen umhüpfte uns, frohe Zephir gaukelten mit ihnen, und jagten ſie um das
Schiff her, wenn ſie muthwillig an ſelbigem auf-
hüpften und klatſchten; ſie jagten ſie vom Schiff
ans ſchattichte Ufer, wo der Wiederhall uns nach-
lachte; ſie flohen in den winkenden Schilf, und
hüpften dann wieder ans Schiff; da krönter ihr
mich, Brüder, mit Rebſchoſſen am Ufer zum König, da war Freud und Entzüken in unſrer Mitte.
Auch da herrſchete der Lenz, ihr Brüder, als wir
auf jenes Berges erhabenem Rüken, eine Hütte
von grünen Zweigen uns bauten, in deren Schatten wir, ins Grüne geſtreket, tranken und uns
umarmend frohe Lieder ſangen; die Waldgötter
behorchten uns, und ſangen leiſe die Lieder um

nach. Izt fingen fie die Lieder in den Hainen und Klüften des Bergs, beym Tanz und beym vollen Krug.

Eile, Lenz, beblüme die Triften, und belaube den Wald, das Gebüfch und die Lauben. Bacchus und Silen und fein Gefolge lachen dir entgegen, denn wo lachet man froher als im grünen Schatten der Lauben? Amor befuchet ihn oft den frölichen Bacchus, im kühlen Schatten der Lauben, auch die Mufen befuchen ihn, denn er liebet Gefänge. Bacchus fingt dann und erzählt, und lacht, dafs das Reblaub, das umkränzend fein halbes Gefichte befchattet, auf hilpft. Er erzählt bey voller Schaale feine Reifen durch das entfernte Indien, und wie er die braunen Nationen befiegt, und wie er im Raub-Schiff als Kind die Räuber in Delphine verwandelt, und Reben und Epheu um Maftbaum und Ruder fich winden und füffen Wein habe fprudeln laffen; dann leert er die Schaale, und lacht und erzählet wieder,

wie er die Rofen gefchaffen. Ich wollt eine junge.
Nymphe umfaffen, fo fagt er, das Mädchen flog
mit leichten Füffen über die Blumen weg, und
lachte fchalkhaft zurük, wenn es mit unficherm
Fufs mich hinter fich her taumeln fah; beym Styx!
ich hätte das Mädchen nicht erreicht, wenn nicht
ein zakichter Dornbufch fich in fein fliegend Gewand gewikelt hätte; ich lief froh zu dem Mädchen hin, und klatfcht ihm freundlich die Wangen, und fagte, Mädchen fey nicht fo blöde, ich
bin Bacchus, der Gott des Weins und der Freude,
der ewige Jüngling; da liefs fich das Mädchen
voll Ehrfurcht küffen. Da belohnt ich den Dornbufch, ich berührt ihn mit meinem Stab, und
hiefs Blumen wachfen, fo lieblich roth, als des
Mädchens Wangen, da es fich fchämte; da wuchfen die Rofen.

Pan lähnt fich auf das mofichte Polfter, und
legt aufmerkfam fein Haupt, mit Tannreifern bekränzt, auf den unterftützenden Arm; du warft

glüklicher, Bacchus, als ich, da ich die Sirinx
verfolgte; da haft du mich heftig verwundet, fo
fagt er zum Amor, der izt des Streiches noch
lachet, fie ward in Rohre verwandelt ; dann fieht
er traurig nach der fiebenröhrichten Pfeife, dann
nach dem Becher, und trinket den Gram weit von
fich. Auch Amor erzählt feine Siege , und wie er
die Sprüden gebändigt. Ach wie entzükt werd
ich feyn, braunes Mädchen, wenn er einft von
die ein Sieges-Lied fingt!

ALS

ALS ICH DAPHNEN
AUF DEM SPAZIERGANG
ERWARTETE.

Sie kümmt noch nicht, die fchöne Daphne! hier will ich ins Gras mich hinlegen und fie erwarten, hier an der Quelle. Indefs will ich die Gegend umher betrachten, und mein Verlangen täufchen. Du hoher fchwarzer Tannen-Hain, der du die Pfeil-geraden röthlichen Stämme dicht und hoch durch deinen dunkeln Schatten empor hebft; hohe fchlanke Eichen; und du Flufs, der du mit blendendem Silberglanz hinter jenen grauen Bergen hervor raufcheft, nicht euch will ich izt fehen, izt fey das Gras um mich her meine Gegend. Wie fanft riefelft du vorüber, kleine Quelle durch die Waffer-Kreffen, und durch die Bachbungen, die ihre blauen Blumen empor tragen; du fchwingeft kleine funkelnde Ringe um ihre Stämme her

H

und macheſt ſie wanken; von beyden Ufern ſteht das fette Gras mit Blumen vermiſchet ; ſie biegen ſich herüber, und dein klares Waſſer flieſst durch ihr buntes Gewölb und glänzet im vielfarbichten Wiederſchein. Ich will izt durch den kleinen Hain des wankenden Graſes hinſehn; wie glänzet das mannigfaltige Grün, von der Sonne beſchienen ! ſie ſtreuen ſchwebende Schatten eins auf das andere hin; ſchlanke Kräuter durchirren das Gras mit zarten Aeſten und mannigfaltigem Laub, oder ſie ſteigen darüber empor, und tragen wankende Blumen. Aber du blaue Viole, du Bild des Weiſen du ſtehſt beſcheiden niedrig im Gras, und ſtreuſt Gerüche umher, indeſs daſs Geruchloſe Blumen hoch über das Gras empor ſtehn, und praleriſch winken. Fliegende Würmchens verfolgen ſich unten im Gras, bald verliert ſie mein Aug im grünen Schatten; dann ſchwärmen ſie wieder im Sonnenſchein, oder ſie fliegen zu Schaaren empor und tanzen höher in der glänzenden Luft.

Welch eine bunte Blume wieget sich dort an der
Quelle? So schön und glänzend von Farbe - -
doch nein! angenehmer Betrug! ein Schmetterling flieget empor, und läfst das wankende Gräschen zuriik. Izt raufchet ein Würmchen, fchwarz
beharnifcht auf glänzend rothen Flügeln vorbey,
und fezt fich, zu feinem Gatten vielleicht, auf die
nahe Gloken-Blume. Raufche fanft, du riefelnde
Quelle, erfchüttert nicht die Blumen und das Gras
ihr Zephir! Trüg ich mich? oder hör ich den
zärteften Gefang? Ja fie fingen, aber unfer Ohr ift
zu ftumpf, das feine Concert zu vernehmen, fo
wie unfer Auge, die zarten Züge der Bildung zu
fehn. Was für ein liebliches Sumfen fchwamt
um mich her? Warum wanken die Blumen fo?
Ein Schwarm kleiner Bienen ifts; fie flogen frü-
lich aus, von ihrer fernen Wohnftadt, und zer-
ftreuten fich auf den Fluren und in den fernen
Gärten; aufmerkfam wählend fammeln fie die gelbe
Beute, und kehren zuriik ihren Staat zu mehren,

jede mit dem gleichen Beſtreben, da iſt kein müſ-
ſiger Bürger; ſie ſchwärmen umher, von Blume
zu Blume, und verbergen nachſuchend die kleinen
haarichten Häupter in den Kelchen der Blumen,
oder ſie graben ſich mühſam hinein, in die noch
nicht-offenen Blumen; die Blume ſchlieſſet ſich
wieder, und verbirgt den kleinen Räuber, der die
Schäze ihr raubt, die ſie vielleicht erſt Morgen,
der kommenden Sonne und dem glänzenden Thau
entfaltet hatte.

Dort auf die hohe Klee-Blume ſezt ſich ein
kleiner Schmetterling; er ſchwingt ſeine bunten
Flügel, auf ihrem glänzenden Silber ſtehn kleine
purpurne Fleken, und ein goldner Saum verliert
ſich am Ende der Flügel ins Grüne; Da ſizt er
prächtig und puzt den kleinen Buſch der ſilbernen
Federn auf ſeinem kleinen Haupt. Schöner,
Schmetterling! biege die Blume zum Bach hin, und
ſieh da deine ſchöne Geſtalt; dann gleichſt du der
ſchönen Belinde, die beym Spiegel vergiſst, daſs

fie mehr als Schmetterling feyn follte; Ihr Kleid
ift nicht fo fchön wie deine Flügel, aber Gedanken - los ift fie wie du.

Was vor ein wildes Spiel hebt ihr izt an, liebe
Zephir? Sich hafchend wälzen fie fich durch das
Gras hin; wie ein fanfter Wind auf einem Teich
Wellen vor fich her jagt, fo durchwühlen fie das
raufchende Gras; die kleinen bunten Bewohner
fliegen empor und fehen in die Verwüftung hinunter, izt ruhen fie wieder die Zephirs, und das Gras
und die Blumen winken fie freundlich zurük.

Aber, o! könnt ich mich izt verbergen! Be-
deket mich ihr Blumen! dort geht der junge
Hyacinthus vorüber, im fchönen goldnen Kleid,
er eilt durchs verächtliche Gras, neben der Natur hin, und pfeift; fie mag ihn anlächeln, für
ihn ift das eine zu alte Schöne; er eilt zu Fräu-
lein Henrietten, wo die fchöne Welt beym Spiel-
Tifche fich fammelt; da wird fein Kleid Augen von
feinerm Gefchmak beffer entzüken, als ein glühen-

H 3

des Abendroth. Wie wird er lachen, wenn er

mich ſieht, fern von der feinen Welt bey den

Würmern im Graſe kriechen! Aber verzeihen ſie,

Hyacinthus, wenn ich ſo tumm bin, ihrem ſchö-

nen Gang und dem Glanz ihres Kleides nicht nach-

zuſehn, denn hier an dieſem Gräschen läuft ein

Würmchen empor, ſeine Flügel ſind grünlichtes

Gold, und wechſeln prächtig die hellen Farben

des Regenbogens. Verzeihen ſie Hyacinthus, ver-

zeihen ſie der Natur, die einem Wurm ein ſchöner

Kleid gab, als keine Kunſt ihnen liefern kann, ihnen

der doch ſo ausnehmenden Wiz hat, Gewiſſen und

Religion dem tummen Pöbel zu überlaſſen.

Aber izt kömmt ſie, die ſchöne Daphne! ich

eil izt an ihrer Seite, ihr Blumen, und ihr, ihr

kleinen Bewohner; aber noch oft ſollt ihr mir

das ſanfte Entzüken gewähren, das Entzüken,

auch in der kleinſten Verzierung der Natur die

Harmonie mit der Schönheit und dem Nuzen ins

Unendliche hin in unauflöslicher Umarmung zu

fehn. Sie kömmt, fie ift fchon nahe, die fchöne
Daphne; wie ihr leichtes grünes Gewand flattert!
wie lächelt ihr Mund, wie fchön ift ihr Auge!
Aber fie würden für mich nicht fchön feyn, ver-
riethen fie nicht die fchöndenkende Seele und das
edelfte Herz.

DER WUNSCH.

Dürft ich vom Schikſal die Erfüllung meines einigen Wunſches hoffen; denn ſonſt ſind meine Wünſche Träume, ich wache auf und weiſs nicht, daſs ich geträumt habe, es ſey denn ein Wunſch für andrer Glük; dürft' ich vom Schikſal dieſes hoffen, dann wünſcht ich mir nicht Ueberfluſs, auch nicht über Brüder zu herrſchen, nicht daſs entfernte Länder meinen Namen nennen· O könnt' ich unbekannt und ſtill, fern vom Getümmel der Stadt, wo dem Redlichen unausweichliche Fallſtrike gewebt ſind, wo Sitten und Verhältniſſe tauſend Thorheiten adeln, könnt' ich in einſamer Gegend mein Leben ruhig wandeln, im kleinen Landhaus, beym ländlichen Garten, unbeneidet und unbemerkt! Im grünen Schatten wölbender Nuſsbäume ſtün-de dann mein einſames Haus, vor deſſen Fenſtern

kühle Winde und Schatten und fanfte Ruhe unter
dem grünen Gewölke der Bäume wohnen; vor
dem friedlichen Eingang einen kleinen Plaz ein-
gezäunt, in dem eine kühle Brunn - Quelle unter
dem Traubengeländer raufchet, an deren abflieſ-
fendem Waſſer die Ente mit ihren Jungen fpielte,
oder die fanften Tauben vom befchatteten Dach
herunter flögen, und nikend im Grafe wandelten,
indefs dafs der majeftätifche Hahn feine gluchzen-
den Hennen im Hof umher führt; fie würden
dann auf mein bekanntes Loken herbey flattern,
ans Fenſter, und mit fchmeichelndem Gewimmel
Speiſe von ihrem Herrn fordern.

Auf den nahen fchattenreichen Räumen, würden die Vögel in ungeftöhrter Freyheit wohnen,
und von einem Baum zum andern nachbarlich fich
zurufen und fingen. In der einen Eke des kleinen
Hofes follen dann die geflochtenen Hütten der
Bienen ftehn, denn ihr nüzlicher Staat ift ein liebliches Schaufpiel; gerne würden fie in meinem

H 5

Anger wohnen, wenn wahr ift, was der Landmann fagt, daſs ſie nur da wohnen, wo Fried
und Ruhe, in der Wirthſcbaft herrſchet. - Hinten
am Hauſe ſey mein geraumer Garten, wo einfäl-
tige Kunſt, den angenehmen Phantaſien der Natur mit geborſamer Hülfe beyſtehr, nicht aufrüh-
riſch ſie zum dienſtbaren Stoff ſich macht, in
groteske Bilder ſie zu ſchaffen. Wände von Nuſs-
ſtrauch umzäunen ihn, und in jeder Eke ſteht eine
grüne Hlitte von wilden Rofinen; dahin würd ich
oft den Stralen der Sonn' entweichen, oder ſehen,
wie der braune Gärtner die Beeten umgräbt,
um ſchmakhafte Garten-Gewächſe zu ſäen; Oft
würd ich die Schaufel aus der Hand ihm nehmen,
durch ſeinen Fleiſs zur Arbeit gelokt, um ſelbſt
umzugraben, indeſs daſs er neben mir ſtünde, der
wenigern Kräfte lächelnd; oder ich hülf ihm die
flatternden Gewächſe an Stäben aufbinden, oder
der Roſen-Stauden warten und der zerſtreüten
Nelken und Lilien.

Auſſen am Garten müſst' ein klarer Bach meine Gras-reiche Wieſe durchſchlängeln ; er ſchlängelte ſich dann durch den ſchattichten Hain fruchtbarer Bäume, von jungen zarten Stämmen durchmiſchet, die mein ſorgſamer Fleiſs ſelbſt bewachete. Ich würd ihn in der Mitte zu einem kleinen Teich ſich ſammeln laſſen, und in des Teiches Mitte baut' ich eine Laube auf eine kleine aufgeworfene Inſel ; züge ſich dann noch ein kleiner Reb-Berg an der Seite in die offene Gegend hinaus, und ein kleines Feld mit winkenden Aehren, wäre der reichſte König dann gegen mir beneidens werth?

Aber fern ſey meine Hütte von dem Landhaus, das Dorantes bewohnt, ununterbrochen in Geſellſchaft zu ſeyn. Bey ihm lernt man, daſs Frankreich gewiſs nicht kriegen wird, und was Mops thäte, wenn er König der Britten wäre, und bey wohlbedekter Tafel werden die 'Wiſſenſchaften beurtheilt, und die Fehler unſers Staats, indeſs

dafs majeſtätiſcher Anſtand vor der leeren Stirne
ſchwebt. Weit von Oronten weg ſey meine einſame Wohnung; fernher ſammlet ſich Wein in
ſeinem Keller, die Natur iſt ihm nur ſchön, weil
niedliche Biſſen für ihn in der Luft fliegen, oder
den Hain durchirren, oder in der Flut ſchwimmen.
Er eilt auf das Land, um ungeſtört raſen zu können; wie bang iſt man in den verfluchten Mauern,
wo der tumme Nachbar jede That bemerkt!
Dir begegne nie, dafs ein einſamer Tag bey dir
allein dich laſſe, eine unleidliche Geſellſchaft für
dich, vielleicht entwiſcht dir ein ſchauernder Blik
in dich ſelbſt. Aber nein, gepeinigte Pferde bringen dir ſchnaubend ihre unwürdigen Laſten; ſie
ſpringen fluchend von dem unſchuldigen Thier,
Tumult und Unſinn und raſender Wiz begleiten
die Geſellſchaft zur Tafel, und ein ohnmächtiger
Rauſch endet die tobende Scene. Noch weiter
von dir, hagrer Harpax, deſſen Thüre hagre Hun-
de bewachen, die hungernd dem ungeſtüm ab-

gewiefenen Armen das bethränte Brod rauben. Weit umher ift der arme Landmann dein gepeinigter Schuldner; nur felten fteigt der dünne Rauch von deinem umgeftürzten Schorftein auf, denn follteft du nicht hungern, da du deinen Reichthum dem weinenden Armen raubeft!

Aber wohin reifst mich ungeftümer Verdrufs? Kommt zurük, angenehme Bilder, kommt zurük und heitert mein Gemüth auf; führet mich wieder dahin, wo mein kleines Landhaus fteht. Der fromme Landmann fey mein Nachbar, in feiner braunen befchatteten Hütte; liebreiche Hülfe und freundfchaftlicher Rath machen dann einen dem andern zum freundlich lächelnden Nachbar; denn, was ift feliger als geliebet zu feyn, als der frohe Grufs des Manns, dem wir Gutes gethan?

Wenn den, der in der Stadt wohnet, unruhiges Getümmel aus dem Schlummer wekt, wenn die nachbarliche Mauer der Morgen Sonne liebliche Blike verwehrt, und die fchöne Scene des

Morgens feinem eingekerkerten Blik nicht vergönnt
ift, dann würd' eine fanfte Morgen - Luft mich we-
ken und die frohen Concerte der Vögel. Dann
flög' ich aus meiner Ruhe, und gieng' Auroren
entgegen, auf blümichte Wiefen, oder auf die nahen Hügel, und fing' entzükt frohe Lieder vom
Hügel herunter. Denn, was entzüket mehr als die
fchöne Natur, wenn fie in harmonifcher Unord-
nung ihre unendlich mannigfaltigen Schönheiten
verwindet? Zu kühner Menfch! was unterwindeft
du dich die Natur durch weither nachahmende
Künfte zu fchmüken? Baue Labyrinthe von grünen
Wänden, und lafs den gefpizten Taxus in abge-
meffener Weite empor ftehn, die Gänge feyn reiner Sand, dafs kein Gefträuchgen den wandelnden
Fufstritt verwirre; mir gefällt die ländliche Wiefe
und der verwilderte Hain, ihre Mannigfaltigkeit
und Verwirrung hat die Natur nach geheimern Regeln der Harmonie und der Schönheit geordnet, die
unfere Seele voll fanften Entzükens empfindt.

Oft würd' ich bey fanftem Mondfchein bis zur
Mitternacht wandeln, in einfamen frohen Betrachtungen, über den harmonifchen Weltbau,
wenn unzählbare Welten und Sonnen über mir
leuchten.

Auch befucht' ich den Landmann, wenn er
beym Furchen-ziehenden Pflug fingt, oder die
frohen Reihen der Schnitter, wenn fie ihre ländlichen Lieder fingen; und hörte ihre frohen Ge-
fchichtgen und ihren muntern Scherz; oder
wenn der Herbft kommt, und die Bäume bunt
färbet, dann würd' ich die Gefang-vollen Wein-
Hügel befuchen, wenn die Mädchen und die
Jünglinge im Rebenhain lachen, und die reifen
Trauben fammeln. Wenn der Reichthum des
Herbftes gefammelt ift, dann gehen fie jauchzend
zu der Hütte zurük, wo der Kelter lautes Knarren
weit umher tönt; fie fammeln fich in der Hütte,
wo ein frohes Mahl fie erwartet. Der erfte Hunger ift geftillet, izt kommt der ländliche Scherz

und das laute Lachen, indeß daß der freundliche
Wirth die Weinflaschen wieder auffüllt und zur
Freude sie aufmahnet. Kunz erzählt izt, wie er
große Reisen gethan hat, bis weit in Schwaben
hinaus, und wie er Häuser gesehen, noch grösser
und schöner als die Kirch im Dorf, und wie einen
Herrn sechs schöne Rosse in einem gläsernen
Wagen gezogen haben, schöner als das beste das
der Müller im Thal hat, und wie die Bauern da
mit grünen spitzen Hüten gehn. So erzählt er
vieles, indeß daß der junge Knecht, aufmerksam
den offenen Mund auf die unterstüzende Hand ge-
lehnet, bald vergessen hätte, daß sein Mädchen
an seiner Seite sizt, hätte sie ihn nicht lachend in
die Wange gekneipt. Dann erzählt Hanns, wie
seinen Nachbar ein Irrwisch verfolgt hat, und wie
er ihm auf dem Korb gesessen, er hätt' ihn bis unter die Dachrinne verfolgt, wenn er nicht eins ge-
schworen hätte. Aber izt gehen sie aus der Hütte,

um beym Mondschein zu tanzen, bis die Mitternacht
sie zur Ruhe ruft. Wenn

Wenn aber trübe Tage mit froſtigem Regen,
oder der herbe Winter, oder die ſchwüle Hize
des Sommers den Spaziergang mir verbüten, dann
würd ich ins einſame Zimmer mich ſchlieſſen,
mich unterhielte da die edelſte Geſellſchaft, der
Stolz und die Ehr' eines jeden Jahrhunderts, die
groſſen Geiſter; die ihre Weisheit in lehrende
Bücher ausgegoſſen haben; edle Geſellſchaft, die
unſre Seele zu ihrer Würd' erhebt! Der lehrte
mich die Sitten ferner Nationen, und die Wunder
der Natur in fernen Welt-Theilen! Der dekt mir
die Geheimniſſe der Natur auf, und führt mich
in ihre geheime Werkſtatt; der würde mich die
Oeconomie ganzer Nationen lehren und ihre Ge-
ſchichte, die Schand und die Ehre des Menſchen-
Geſchlechts. Der lehrt mich die Gröſſe und die
Beſtimmung unſrer Seele, und die Reiz-volle Tugend; um mich her ſtünden die Weiſen und die
Sänger des Alterthums; ihr Pfad iſt der Pfad zum
wahren Schönen, aber nur wenige wagen ſich

hin, das blöde Haupt macht taufende fchwind-
licht zurük gehn, auf eine leichtere Bahn voll
Flittergold und geruchlofer Blumen. Soll ich die
wenigen nennen? Du fchöpfrifchet Klopftok, und
du Bodmer, der du mit Breitingern die Fakel der
Critik aufgefteket haft, denen' Irrlichtern entgegen, die in Sümpfe oder dürre Einöden verführ-
ten. Und du Wieland, (oft befucht deine Mufe
ihre Schwefter, die ernfte Weltweisheit, und
holt erhabenen Stoff aus ihren geheimeften Kam-
mern, und bildet ihn zu reizenden Gratien,)
oft follen eure Lieder in heiliges Entzüken mich
hinreiffen ; Auch du mohlerifcher von Kleift,
fanft entzükt mich dein Lied, wie ein helles
Abendroth ; zufrieden ift dann mein Herz, und
ftill, wie die Gegend beym Schimmer des Monds;
auch du Gleim, wenn du die lächelnden Empfindungen unfers Herzens fingeft und unfchuldigen
Scherz; - - Doch foll ich euch alle nennen, ihr
wenigen? die verwöhnte Nation mifsgönnt euern

Werth, euch zu fchäzen ift einer beffern Nachwelt
vorbehalten.

Auch ich fchriebe dann oft die Lieder hin, die
ich auf einfamen Spaziergängen gedacht, im dunkeln Hain, oder beym raufchenden Wafferfall,
oder im Trauben-Geländer beym Schimmer des
Monds. Oder ich fähe im Kupferftich, wie groffe
Künftler die Natur nachgeahmet haben, oder ich
verfucht' es felbft, ihre fchönen Auftritte auf dem
gefpanneten Tuch nachzufchaffen.

Zuweilen ftörte mich ein lautes Klopfen vor
meiner Thüre, wie entzlikt' wär ich, wenn ein
Freund beym Eröfnen in die offenen Arme mir
eilte! oft fänd' ich fie auch, wenn ich vom Spaziergang zurük, der einfamen Hütte mich näherte,
einzeln oder in Truppen mir entgegen grüffen;
gefellfchaftlich würden wir dann die fchönften
Gegenden durchirren, nicht mürrifch ernfthafte
Gefpräche mit freundlichem Scherz gemifchet,
machten uns die Stunden vorbey hüpfen, Hunger

würde die Koſt uns würzen ,. die mein Garten mir
gäbe, und der Teich und mein belebter Hof;
Wir fänden ſie bey der Rükkunft unter einem
Trauben-Geländer, oder in der ſchattichten Hütte
im Garten aufgetiſchet; oft auch ſaſſen wir beym
Mondſchein in der Laube beym beſcheidenen
Kelchglas, bey frohen Liedern und munterm
Scherz, es wäre denn, daſs der Nachtigal melan-
choliſches Lied uns aufmerken hieſſe.

Aber, was träum' ich? Zu lang, zu lang ſchon
hat meine Phantaſie dich verfolget, dich, eitelen
Traum! Eiteler Wunſch! nie werd' ich deine
Erfüllung ſehen. Immer iſt der Menſch unzufrie-
den, wir ſehen weit hinaus auf fremde Gefilde
von Glük, aber Labyrinthe verſperren den Zugang,
und dann ſeufzen wir hin, und vergeſſen das Gute
zu bemerken, das jedem auf der angewieſenen
Bahn des Lebens beſchert iſt. Unſer wahres Glük
iſt die Tugend. Der iſt ein Weiſer, und glüklich, der willig die Stell' ausfüllt, die der Bau-

melſter, der den Plan des Ganzen denkt, ihm beſtimmt hat. Ja du, göttliche Tugend, du biſt
unſer Glük, du ſtreuſt Freud und Seligkeit in jedem Stand auf unſre Tage. O wen ſoll ich be-
neiden, wenn ich durch dich beglükt die Lauf-
Bahn meines Lebens vollende ? dann ſterb' ich
früh, von Edeln beweint, die mich um deinet-
willen liebten, von euch beweint ihr Freunde.
Wenn ihr beym Hügel meines Grabes vorbey geht, dann drüket euch die Hand, dann umarmet euch ; Hier liegt ſein Staub, ſagt ihr,
des Redlichen, aber Gott belohnt ſeine Bemühung glüklich zu ſeyn, izt mit ewigem Glük;
bald aber wird unſer Staub auch da liegen, und
dann genieſſen wir mit ihm das ewige Glük.
Und du, geliebte Freundin! wann du beym Hügel
meines Grabes vorüber geheſt, wann die Maaſs-
lieben und die Ringelblumen von meinem Grabe
dir winken, dann ſteig eine Thräne dir ins Auge,
und iſts den Seligen vergönnt, die Gegend, die

wir bewohnt, und die ſtillen Haine zu beſuchen,
wo wir oft in ſeligen Stunden unſrer Seele groſſe
Beſtimmung dachten, und unſre Freunde zu um-
duften, dann wird meine Seele dich oft umſchwe-
ben, oft, wenn du voll edler hoher Empfindung
einſam nachdenkeſt, wird ein ſanftes Wehen deine
Wangen berühren; dann gehe ein ſanftes Schauern
durch deine Seele!